»Wenige Deuter fernöstlichen Wesens haben Europa dieses mit all seinen verborgenen Feinheiten, mit all seiner Tiefe so nahegebracht wie der Verfasser des *Buchs vom Tee*. Kakuzo Okakura wurde im Jahre 1862 als Sohn einer Samurai-Familie in Yokohama geboren. Er starb im Jahre 1913. *Das Buch vom Tee* ist unter seinen Schriften die am feinsten gezeichnete. Hier gibt er eine Deutung, die uns das Wesen echten Japanertums ... in voller Reinheit schauen läßt ... Das Vergängliche zurücklassen, am Ewigen teilhaben, das ist Chadô. Teegerät, Teeraum und der Garten mit dem zum Teeraum führenden Pfad haben die hohe Aufgabe, die Sinne der Teilnehmenden zu verfeinern, zu steigern, empfänglich zu machen für das Dahinschwindende. Dann wird der Geist sich um so leichter vom Atem der Ewigkeit tragen lassen, in ihm aufgehen. Doch von alldem spricht das Werk ja selbst.«

Horst Hammitzsch

KAKUZO OKAKURA

DAS BUCH VOM TEE

ÜBERTRAGEN UND MIT EINEM NACHWORT VERSEHEN VON HORST HAMMITZSCH

Mit Fotos aus Japan
und einem Essay von
I. Schaarschmidt-Richter

Insel Verlag

insel taschenbuch 412
Erste Auflage 1979

Vertrieb durch den Suhrkamp Taschenbuch Verlag
Umschlag nach Entwürfen von Willy Fleckhaus
Typographie: Max Bartholl
Satz: Weihrauch, Würzburg
Druck: Nomos Verlagsgesellschaft, Baden-Baden
Printed in Germany

DAS BUCH VOM TEE

茶

I.
DIE SCHALE DER MENSCHHEIT

茶

MEDIZIN WAR DER TEE ZUERST, GETRÄNK wurde er danach. Im achten Jahrhundert zog er in China als eine der galanten Spielereien in das Reich der Poesie ein. Im fünfzehnten Jahrhundert erhob ihn Japan zu einer Religion des Ästhetizismus, zum Teeismus. Teeismus ist ein Kult, gegründet auf die Verehrung des Schönen inmitten der schmutzigen Tatsachen des Alltags. Er umschließt Reinheit und Harmonie, das Geheimnis des Mitleidens, die Romantik der gesellschaftlichen Ordnung. Dem Wesen nach ist er eine Verehrung des Unvollkommenen, denn er ist ein zarter Versuch, etwas Mögliches zu vollenden in diesem Unmöglichen, das wir Leben nennen.

Die Philosophie des Tees ist nicht nur Ästhetizismus im Alltagssinne des Wortes, denn sie drückt zusammen mit Ethik und Religion unsere ganze Auffassung von Mensch und Natur aus. Sie ist Hygiene, denn sie zwingt zur Sauberkeit; sie ist Wirtschaftlichkeit, denn sie zeigt die Behaglichkeit eher in dem Einfachen als in dem Vielfachen und Kostbaren; sie ist moralische Geometrie insofern, als sie unser Gefühl für das Verhältnis zum All bestimmt. Sie verkörpert den wahren Geist östlicher Demokratie, denn sie macht alle ihre Anhänger zu Aristokraten guten Geschmacks.

Für die Entwicklung des Teeismus ist die lange, der Selbstbesinnung so günstige Isolierung Japans von der übrigen Welt von großem Vorteil gewesen. Unser Haus und unsere Gebräuche, Kleidung und Küche, Porzellan, Lack, Malerei, ja selbst unsere Literatur – alles das ist seinem Einfluß unterworfen gewesen. Niemand, der die japanische Kultur studiert, könnte je sein Vorhandensein übersehen. Er hat die Eleganz vornehmer Boudoirs durchtränkt und ist in die Hütte der Armen eingedrungen. Unsere Bauern haben gelernt, Blumen zu stecken, und unser einfachster Arbeiter bietet Fels und Wasser seinen Gruß. In unserer Alltagssprache reden wir vom ›Menschen ohne Tee in sich‹, wenn er für die Tragikomik des eigenen Erlebens unempfänglich ist. Dagegen lehnen wir auch wieder jeden unbeherrschten Ästheten ab, der, ohne Rücksicht auf die irdische Tragödie, sich von der Flut seiner entfesselten Gefühle fortreißen läßt, als einen, der ›zuviel Tee‹ in sich hat.

Wohl mag sich der Außenstehende wundern über diesen scheinbaren Lärm um nichts. Welch ein Sturm in einer Teeschale! wird er sagen. Aber wenn wir bedenken, wie klein doch letzten Endes der Becher der menschlichen Freude ist, wie bald von Tränen überfließend, wie leicht von unserem nie zu stillenden Durst nach dem Unendlichen bis auf die Neige geleert, dann werden wir uns nicht über soviel Lärm um die Teeschale beklagen. Die Menschheit hat da schon Schlimmeres getan. Wir haben im Dienste des Bacchus zu frei geopfert, wir haben selbst des Mars blutiges Antlitz verklärt. Warum sollten wir uns dann nicht auch der Königin der Kamelien weihen und uns von dem warmen Strom der Sympathie umspülen lassen, der von ihrem Altar herniederfließt? In dem flüssigen Bernstein, im elfenbeinfarbigen Porzellan mag der Wissende die süße Sprödheit des Konfuzius, die Schärfe des Laotze und den ätherischen Duft des Shakyamuni selbst spüren.

Die nicht die Kleinheit großer Dinge in sich fühlen, die werden auch die Größe kleiner Dinge in anderen übersehen. Der Durchschnittseuropäer in seiner glatten Selbstgefälligkeit wird in der Teezeremonie nichts weiter sehen, als ein Beispiel mehr für die tausendundeine Merkwürdigkeiten, die ihm das Eigenartige und Kindliche des Ostens verkörpern. Er pflegte Japan als barbarisch zu betrachten, als es noch in den schönsten Künsten des Friedens aufging; er nennt es zivilisiert, seit es begann, auf den mandschurischen Schlachtfeldern Massenmord zu begehen. In der letzten Zeit ist viel über das Gesetz der Samurai geschrieben worden, – die Kunst zu sterben, die unsere Soldaten in Selbstaufopferung frohlocken läßt; aber dem Teekult, der so eindeutig unsere Kunst des Lebens darstellt, ist kaum Aufmerksamkeit geschenkt worden. Gern wollen wir Barbaren bleiben, wenn sich unser Anspruch, für zivilisiert zu gelten, nur auf grausigen Kriegsruhm stützen soll. Gern wollen wir die Zeit erwarten, da unserer Kunst und unseren Idealen die gebührende Achtung gezollt wird.

Wann wird der Westen den Osten verstehen oder wenigstens versuchen, ihn zu verstehen? Wir Asiaten sind oft erstaunt über das seltsame Netz von Dichtung und Wahrheit, mit dem man uns umsponnen hat. Wir werden dargestellt entweder als vom Duft der Lotos lebend oder aber von Mäusen oder Küchenschaben. Das ist entweder unfähiger Fanatismus oder aber niedrigste Wollust. Indiens Gerechtigkeit ist als Einfalt verlacht worden, Chinas Nüchternheit als Dummheit und die Vaterlandsliebe Japans als das Ergebnis eines Fatalismus. Man hat sogar ausgesprochen, daß wir durch Abgestumpftheit unseres Nervensystems für Schmerz und Wunden weniger empfindlich seien!

Warum solltet ihr euch auch nicht auf unsere Kosten vergnügen? Asien gibt das Kompliment zurück. Wenn ihr wüßtet, wie wir uns euch vorgestellt und was wir über euch geschrieben haben, das gäbe noch mehr Grund zum Lachen. All das Blendwerk der Perspektive ist da, all die unbewußte Ehrfurcht vor dem Wunder, all der schweigende Groll gegen das Neue und Unbestimmte. Ihr seid mit Tugenden beladen, die zu verfeinert sind, als daß man euch darum beneiden könnte, und ihr seid wegen Verbrechen angeklagt worden, die zu romantisch sind, um verworfen zu werden. Unsere Schriftsteller der Vergangenheit – die weisen Männer, die es wissen mußten – berichteten uns, daß ihr buschige Schwänze hättet, verborgen unter eurer Kleidung, und oft Frikassee von neugeborenen Kindern äßet. Ja, wir hatten sogar etwas noch Schlimmeres gegen euch: wir hielten euch für die unpraktischsten Menschen der Welt, von denen man sagte, daß sie Lehren predigten, die sie selbst niemals befolgen.

Solche Mißverständnisse zwischen uns schwinden jetzt schnell dahin. Der Handel hat manchem Hafen des Ostens die europäischen Sprachen aufgezwungen. Junge Asiaten strömen in die Universitäten des Westens, um eine moderne Erziehung zu erhalten. Unsere Einsicht hat eure Kultur nicht bis in ihre tiefsten Tiefen erfaßt, aber wir haben wenigstens den Willen zum Lernen. Einige meiner Landsleute haben in der irrigen Meinung, daß die Annahme von steifen Kragen und weichen Hüten auch eine Aneignung eurer Zivilisation bedeute, zu viel von euren Sitten und eurer Etikette angenommen. Rührend und bedauerlich, wie solche übertriebene Vorliebe ist, zeigt sie doch unsere Bereitwilligkeit, uns dem Westen auf den Knieen zu nähern. Unglücklicherweise ist die westliche Lebenshaltung für das Verständnis des Ostens ungünstig. Der christliche Missionar will nur geben, nicht aber empfangen. Eure ganze Kenntnis gründet sich einzig und allein auf die spärlichen Übersetzungen unserer unermeßlichen Literatur, wenn nicht gar auf unzuverlässige Anekdoten von Reisenden. Nur selten geschieht es, daß durch die ritterliche Feder eines Lafcadio Hearn oder des Verfassers von ›The Web of Indian Life‹ die östliche Finsternis mit der Fackel unserer eigenen Gefühle erleuchtet wird.

Vielleicht verrate ich meine Unkenntnis des Teekultes, wenn ich so offen spreche. Seine wahrhafte Höflichkeit verlangt, daß man das ausspricht, was erwartet wird, und nicht mehr. Aber ich will kein höflicher Teemensch sein. Durch das gegenseitige Mißverstehen der Neuen und der Alten Welt ist schon viel Schaden angerichtet worden, so daß man sich nicht entschuldigen muß, wenn man sein Teil zur Förderung eines besseren Verstehens beiträgt. Dem Beginn des zwanzigsten Jahrhunderts wäre das blutige Kriegsschauspiel erspart geblieben, wenn Rußland sich um eine bessere Kenntnis Japans bemüht hätte. Welch gräßliche Folgen für die Menschheit liegen in jenem geringschätzigen Nichtkennenwollen der östlichen Probleme! Der europäische Imperialismus, der sich nicht scheut, den lächerlichen Kriegsruf von der Gelben Gefahr zu erheben, bedenkt nicht, daß Asien auch einmal die schreckliche Bedeutung des Weißen Unglücks begreifen wird. Ihr mögt über uns lachen als über Menschen mit ›zuviel Tee‹, aber dürfen wir dann nicht annehmen, daß ihr aus dem Westen ›keinen Tee‹ in euch habt?

Die Kontinente sollten doch aufhören, sich gegenseitig Epigramme zuzuwerfen, und nachdem sie jeder eine halbe Erdkugel gewonnen haben, zufrieden sein, wenn auch nicht klüger. Wir haben uns in verschiedenen Richtungen entwickelt, aber es ist kein Grund vorhanden, weshalb wir uns nicht ergänzen sollten. Ihr habt euch auf Kosten eurer Ruhe ausgedehnt; wir haben eine Harmonie geschaffen, die gegen einen Angriff vielleicht schwach ist. Und doch, ihr mögt es glauben, in manchem ist der Osten besser dran als der Westen!

Merkwürdigerweise hat sich die Menschheit in der Teeschale gefunden. Der Teekult ist die einzige asiatische Zeremonie, die sich allgemeiner Wertschätzung erfreut. Die weiße Rasse hat unsere Religion und unsere Moral verspottet, aber das braune Getränk hat sie ohne Zögern angenommen. Der Nachmittagstee ist heute in der westlichen Gesellschaft eine wichtige Angelegenheit. In dem leisen Geklirr von Tablett und Geschirr, in der anmutigen Geschäftigkeit fraulicher Gastlichkeit, in dem allgemeinen Gesetz über den Gebrauch von Sahne und Zukker erkennen wir, daß die Verehrung für den Tee hier fest verwurzelt ist. Die philosophische Resignation, mit der der Gast erwartet, was ihm der zweifelhafte Aufguß bringen wird, zeigt, daß in diesem besonderen Falle der Geist des Orients unumschränkt herrscht.

Das erste Mal wird der Tee im europäischen Schrifttum angeblich von einem arabischen Reisenden erwähnt, der berichtet, daß nach dem Jahr 879 die Salz- und Teesteuer die Hauptquellen der Staatseinkünfte in Kanton waren. Marco Polo erzählt von der Absetzung eines chinesischen Finanzministers um das Jahr 1285 wegen eigenmächtiger Erhöhung der Teesteuer. Im Zeitalter der Entdeckungen erst begannen die Europäer mehr vom äußersten Orient zu wissen. Gegen Ende des sechzehnten Jahrhunderts brachten die Holländer die Nachricht mit, daß man im Osten aus den Blättern eines Strauches ein angenehmes Getränk braue. Die Reisenden Giovanni Battista Ramusion (1559), Almeida (1576), Maffeno (1588), Tareira (1610) erwähnten den Tee ebenfalls.[1] In dem zuletzt genannten Jahre brachten

Schiffe der Holländisch-Ostindischen Kompanie den ersten Tee nach Europa. In Frankreich wurde er 1636 bekannt, und 1638 kam er nach Rußland.[2] England nahm ihn 1650 auf und sprach von ihm als von »jenem ausgezeichneten und von allen Ärzten empfohlenen chinesischen Getränk, das die Chinesen Tscha und andere Völker Tay oder Tee benannten«.

Wie alle guten Dinge in der Welt, so stieß auch die Verbreitung des Tees auf Widerstand. Ketzer, wie Henry Saville (1678), lehnten das Teetrinken als eine schmutzige Sitte ab. Jonas Hanway (Essay über den Tee, 1756) glaubte, daß die Männer ihre Gestalt und Haltung, die Frauen ihre Schönheit durch den Genuß des Tees verlören. Sein Preis (etwa fünfzehn oder sechzehn Schilling für das Pfund) machte eine Verbreitung im Volk vorläufig unmöglich und ließ ihn zu »einem Reservat für reiche Gastmähler und Veranstaltungen und zum Geschenk für Fürsten und Große werden«. Trotz dieser Hindernisse jedoch verbreitete sich der Genuß des Tees mit geradezu wunderbarer Schnelligkeit. Die Kaffeehäuser Londons wurden im Anfang des achtzehnten Jahrhunderts in Wirklichkeit zu Teehäusern, wo geistvolle Männer, wie Addison und Steele, zusammenkamen und sich die Zeit bei einer Kanne Tee vertrie-

1 Paul Krausel. Dissertation. Berlin 1902.
2 Mercurius Politicus, 1656.

ben. Das Getränk wurde bald zu einer Lebensnotwendigkeit und damit ein Artikel, den zu besteuern es sich lohnte. Bei dieser Gelegenheit erinnern wir uns daran, welch wichtige Rolle dies in der modernen Geschichte spielt. Die amerikanischen Kolonien unterwarfen sich der Bedrückung so lange, bis die hohen Teesteuern ihrer Geduld ein Ende setzten. Die amerikanische Unabhängigkeit beginnt damit, daß eine Ladung Teekisten in das Wasser des Bostoner Hafens geworfen wurde.

Es liegt ein feiner Zauber im Geschmack des Tees, der ihn unwiderstehlich und für eine Idealisierung geeignet macht. Und Humoristen des Westens haben nicht gezögert, die Würze ihrer Gedanken mit seinem Aroma zu vereinen. Er hat nicht die Arroganz des Weines, nicht die Selbstbewußtheit des Kaffees und nicht die süßliche Unschuld des Kakaos. Schon im Jahre 1711 schreibt der ›Spectator‹: »Ich möchte deshalb diese meine Betrachtungen in ganz besonderer Weise allen wohlsituierten Familien empfehlen, die sich jeden Morgen eine Stunde Zeit für Tee und Butter und Brot nehmen, und möchte ihnen ernstlich in ihrem eigenen Interesse raten, diese Zeitung zu bestellen, die pünktlich geliefert wird und die man als einen Teil des Teezubehörs betrachten kann.« Samuel Johnson zeichnet sein eigenes Porträt als das eines »abgebrühten und unverschämten Teetrinkers, der zwanzig Jahre lang seine

Mahlzeiten nur mit dem Aufguß dieser Zauberpflanze verdünnte, der den Abend bei einer Tasse Tee verbrachte, der sich um Mitternacht mit Tee erfrischte und den Morgen mit Tee bewillkommnete«.

Charles Lamb, ein geschworener Verehrer des Tees, erfaßt den Teekult in seiner Eigenart, wenn er schreibt, das größte Vergnügen, das er kenne, sei, unbeabsichtigt eine gute Tat zu tun und es dann durch einen Zufall zu bemerken. Denn Teeismus ist die Kunst, Schönheit zu verhüllen, um sie zu entdekken, und etwas anzudeuten, was man nicht zu enthüllen wagt. Er ist das feine Geheimnis, leise und doch gründlich über sich selbst zu lachen, und ist somit die gute Laune selbst – das Lächeln der Philosophie. Alle wahren Humoristen kann man in diesem Sinne Teephilosophen nennen – Thackeray und natürlich auch Shakespeare. Die Dichter der Zeit des Verfalls (und wann war die Welt eigentlich nicht im Verfall?) haben in ihrem Protest gegen den Materialismus bis zu einem gewissen Grade auch für den Teekult den Weg geebnet. Und heute ist es vielleicht unser ehrbares Nachdenken über das Unvollkommene, das Westen und Osten sich im gegenseitigen Trost finden läßt.

Die Taoisten berichten, daß beim großen Anfang des Nicht-Anfanges Geist und Ding sich im tödlichen Kampfe trafen. Schließlich siegte der Gelbe

Kaiser, die Sonne des Himmels, über Kung-kung, den Dämon der Finsternis in der Erde. In seinem Todeskampf stieß der Riese mit dem Kopfe gegen das Sonnengewölbe, und die blaue Jadekuppel barst in tausend Splitter. Die Sterne verloren ihre Heimstatt, und der Mond irrte ziellos durch die wilden Gründe der Nacht. Voll Verzweiflung suchte der Gelbe Kaiser fern und nah nach einem, der den Himmel wieder ausbessern könnte. Er sollte nicht vergeblich suchen. Aus der östlichen See stieg eine Königin, die göttliche Nü-kua, hörnergekrönt und mit einem Drachenschweife, strahlend in ihrem Flammenpanzer. Sie schweißte den fünffarbenen Regenbogen in ihrem großen Zauberkessel zusammen und baute den Himmel Chinas wieder auf. Aber man erzählte weiter, daß Nü-kua vergaß, zwei winzig kleine Risse in dem blauen Himmelszelt auszufüllen. So begann die Zweiheit der Liebe: zwei Seelen, die durch den Raum kreisen und, bis sie sich zusammenfinden, um das Universum zu vervollkommnen, niemals ruhen. Jedermann hat seinen Himmel von Hoffnung und Frieden neu zu bauen.

Der Himmel der Menschheit von heute ist tatsächlich zerbrochen in den gigantischen Kämpfen um Reichtum und Macht. Die Welt tappt im Dunkel des Egoismus und der Niedrigkeit. Wissen wird um den Preis eines guten Gewissens gekauft, Wohltätigkeit um des Nutzens willen ausgeübt. Der Osten und der

Westen, zwei in eine gärende See gestürzte Drachen, streben vergeblich, das Kleinod des Lebens wiederzugewinnen. Wir brauchen wieder eine Nü-kua, um die große Verwüstung in Ordnung zu bringen. Wir erwarten den großen Avatara. Inzwischen wollen wir einen Schluck Tee trinken. Die Spätnachmittagssonne bescheint den Bambus, die Quellen glucksen voll Entzücken, der Wind in den Kiefern tönt in unserem Teekessel wider. Laßt uns vom Vergänglichen träumen und bei der wundersamen Torheit der Dinge verweilen.

II.
DIE SCHULEN DES TEES

茶

TEE IST EIN KUNSTWERK UND BRAUCHT eines Meisters Hand, um seine edelsten Eigenschaften zu offenbaren. Wir haben guten und schlechten Tee, wie wir gute und schlechte Gemälde haben – gewöhnlich schlechte. Es gibt kein einziges Rezept, den Tee vollendet zu bereiten, ebenso wie es keine Regeln gibt, einen Tizian oder einen Sesso zu malen. Jede Zubereitung der Blätter hat ihre Eigenheit, ihr besonderes Verhältnis zu Wasser und Wärme, sie trägt bestimmte Erinnerungen mit sich und hat ihre eigene Art, eine Geschichte zu erzählen. Das wahrhaft Schöne muß immer darin enthalten sein. Wie sehr leiden wir doch unter dem beständigen Versagen der Gesellschaft, dieses einfache und grundlegende Gesetz von Kunst und Leben zu erkennen. Li Chih-lai, ein Dichter der Sung-Dynastie, hat traurig festgestellt, daß es in der Welt drei höchst bedauernswerte Dinge gibt: das Verderben bester Jugend durch falsche Erziehung, die Entwürdigung guter Gemälde durch pöbelhaftes Begaffen und die restlose Vergeudung guten Tees durch unsachgemäße Behandlung.

Wie die Kunst, so hat auch der Tee seine Perioden und seine Schulen. Seine Entwicklung kann im groben in drei Hauptabschnitte gegliedert werden: gekochter Tee, geschlagener Tee und gebrühter Tee. Wir von heute gehören der letzten Schule an. Diese verschiedenen Methoden, das Getränk zu würdigen, geben Aufschluß über den Geist der Zeit, in der sie herrschten. Denn leben ist Ausdruck geheimster Gedanken, unsere unbewußten Handlungen verraten sie immer aufs neue. Konfuzius sagte, daß »die Menschen nichts verbergen«. Vielleicht offenbaren wir uns zu sehr in kleinen Dingen, weil wir so wenig Großes zu verraten haben. Die winzigen Geschehnisse des Alltags geben ebensosehr Zeugnis von den Rasse-Idealen wie der höchste Flug von Philosophie oder Dichtkunst. Wie die Unterschiede in der Vorliebe für bestimmte Getränke den Geschmack verschiedener Zeiten und Völker Europas kennzeichnen, so charakterisieren die Tee-Ideale die verschiedenen Stimmungen östlicher Kultur. Der Ziegeltee, der gekocht wurde, der Pulvertee, der geschlagen wurde, der Blättertee, der gebrüht wurde, bezeichnen die verschiedenen Gefühlsrichtungen der T'ang-, der Sung- und der Ming-Dynastie in China. Und wenn wir eine häufig mißbrauchte Terminolo-

gie aus der Sprache der Kunstwissenschaft entlehnen wollten, könnten wir sie entsprechend als die klassische, die romantische und die naturalistische Teeschule bezeichnen.

Die Teepflanze, im südlichen China beheimatet, war der chinesischen Botanik und Medizin schon frühzeitig bekannt. Die Klassiker erwähnen sie unter verschiedenen Namen, wie T'u, Sheh, Ch'uan, Kia und Ming. Sie wurde hoch gepriesen, weil sie die Kraft besaß, Müdigkeit zu vertreiben, die Seele zu erquicken, den Willen zu stärken und die Sehkraft zurückzugeben. Man wandte sie nicht nur innerlich an, sondern oft auch in Form einer Paste äußerlich, um rheumatische Schmerzen zu lindern. Die Taoisten erklärten sie als einen wichtigen Bestandteil des Trankes der Unsterblichkeit. Die Buddhisten gebrauchten sie ausgiebig, um den Schlaf während der langen Stunden ihrer Meditationen zu verscheuchen.

Um das vierte und fünfte Jahrhundert wurde der Tee ein beliebtes Getränk bei den Bewohnern des Yangtze-kiang-Tales. Etwa um diese Zeit wurde auch das neue Begriffszeichen ›Ch'a‹ geprägt, wahrscheinlich eine Verstümmelung des klassischen ›T'u‹. Die Dichter der südlichen Dynastien haben uns einige Bruchstücke ihrer feurigen Verehrung für den ›Schaum des flüssigen Jade‹ hinterlassen. Damals pflegten Kaiser irgendeine seltene Vorschrift der Teeblätterbereitung ihren Ministern als Belohnung für hervorragende Dienste zu verleihen. Und doch war die Art des Teetrinkens in dieser Zeit äußerst primitiv. Die Blätter wurden gedämpft, in einem Mörser zerstoßen, zu einem Kuchen geformt und zusammen mit Reis, Ingwer, Salz, Orangenschalen, Gewürzen, Milch und manchmal auch Zwiebeln gekocht! Diese Sitte besteht auch heute bei den Tibetanern und mehreren Mongolenstämmen, die aus diesen Zutaten einen merkwürdigen Sirup brauen. Der Gebrauch von Zitronenscheiben bei den Russen, die das Teetrinken in den chinesischen Karawansereien lernten, ist wohl ein Überbleibsel dieser alten Methode.

Der Genius der T'ang-Dynastie war nötig, den Tee aus diesem rohen Zustand zu befreien und ihn seiner endgültigen Verfeinerung zuzuführen. In Luh-yü haben wir um die Mitte des achten Jahrhunderts unseren ersten Apostel des Tees. Er wurde zu einer Zeit geboren, als Buddhismus, Taoismus und Konfuzianismus Berührungspunkte suchten. Der pantheistische Symbolismus jener Zeit forderte, das Ganze im Kleinen gespiegelt zu sehen. Luh-yü, der Dichter, sah in der Teebereitung dieselbe Harmonie und Ordnung, die in allen Dingen herrscht. In seinem berühmten Werk ›Ch'a-king‹ (Die heilige Schrift vom Tee) formulierte er das Gesetz des Tees. Seither wird er von den chinesischen Teekaufleuten als Schutzgott verehrt.

Das ›Ch'a-king‹ umfaßt drei Bände und zehn Kapitel. Im ersten Kapitel behandelt Luh-yü die Natur der Teepflanze, im zweiten die Geräte für die Ernte der Blätter, im dritten ihre Auslese. Seiner Ansicht nach sind die besten Blätter die mit folgenden Eigenschaften: ›faltig wie der Lederstiefel tatarischer Reiter, gekräuselt wie die Wamme eines mächtigen Bullen, aufgefaltet wie Nebel, die einer Bergschlucht entsteigen, schimmernd wie ein von sanftem Wind berührter See und feucht und weich wie feine Erde, die der Regen soeben genetzt hat‹.

Das vierte Kapitel enthält die Aufzählung und Beschreibung der vierundzwanzig Teegerätschaften, von dem dreifüßigen Kohlenbecken bis zu dem Bambusschränkchen, das alle diese Gegenstände birgt. Hier zeigt sich Luh-yüs Vorliebe für taoistische Symbolik. Weiterhin ist es interessant, in diesem Zusammenhang den Einfluß des Tees auf die chinesische Keramik zu beobachten. Das chinesische Porzellan hat, wie ja allgemein bekannt ist, seinen Ursprung in dem Versuch, die auserlesene Tönung des Jade wiederzugeben, und findet zur Zeit der T'ang-Dynastie in der blauen Glasur des Südens und in der weißen Glasur des Nordens seine Vollendung. Luh-yü betrachtete Blau als die ideale Farbe für die Teeschale, weil es das Grün des Getränkes noch vertiefe, während Weiß es rosafarbig und widerlich aussehen lasse. Das war, weil er Ziegeltee verwendete.

Später, als die Teemeister der Sung-Dynastie gepulverten Tee verwendeten, zogen sie schwere Gefäße in Blauschwarz und Dunkelbraun vor. Die Ming mit ihrem gebrühten Tee hatten Freude am leichten dünnen Porzellan.

Im fünften Kapitel beschreibt Luh-yü die Art der Teebereitung. Alle Zutaten mit Ausnahme des Salzes lehnt er ab. Er verweilt auch bei der vielumstrittenen Frage, was für Wasser man wählen und bis zu welchem Grade man es kochen soll. Nach ihm ist das Wasser eines Bergquells das beste, Flußwasser und Wasser einer gewöhnlichen Quelle folgen danach. Es gibt drei Grade des Kochens: den ersten, wenn kleine Bläschen wie Fischaugen an die Oberfläche kommen, den zweiten, wenn die Bläschen kristallenen Tropfen in einem Springbrunnen gleichen, den dritten, wenn die Wogen im Kessel wild wallen. Der Ziegeltee wird vor dem Feuer geröstet, bis er weich wird wie der Arm eines Kindes, und dann zwischen zwei Bogen feinen Papiers gepulvert. Beim ersten Kochgrad wird Salz in das Wasser getan, beim zweiten Tee; beim dritten wird eine Kelle kalten Wassers in den Kessel geschüttet, damit der Tee sich setzt und die ›Jugend des Wassers wieder auflebt‹. Dann wird das Getränk in die Schalen gegossen und getrunken. O Nektar! Das hauchdünne Blättchen hängt wie ein Lämmerwölkchen an einem heiteren Himmel oder treibt wie eine Wasserlilie auf smaragdgrünem Strom. Von solchem Trunk schrieb Lo-Tung, ein Dichter der T'ang-Dynastie: ›Die erste Tasse netzt mir Lippen und Kehle. Die zweite verscheucht meine Einsamkeit, die dritte durchdringt mein unfruchtbares Innere, um darin nichts weiter als einige fünftausend Bände wunderlicher Ideogramme zu finden. Die vierte Tasse erregt einen leichten Schweiß, – alles Schlechte des Lebens schwindet durch meine Poren dahin. Bei der fünften Tasse bin ich geläutert; die sechste ruft mich ins Reich des Unvergänglichen. Die siebente Tasse, – ah, aber ich kann nicht weitertrinken. Ich fühle nur den kühlen Windhauch, der sich in meinen Ärmeln fängt. Der Horaisan[1], wo liegt er? Laßt mich mit diesem lieblichen Windhauch segeln und dorthin schweben!‹

Die übrigen Kapitel des ›Ch'a-king‹ geben Bericht von der Gewöhnlichkeit der alltäglichen Methoden des Teetrinkens, einen historischen Überblick über die berühmten Teetrinker, über die berühmten Teepflanzungen Chinas, die Veränderungsmöglichkeiten der Teezeremonie und zeigen Illustrationen der Teegerätschaften. Das letzte Kapitel ist leider verlorengegangen.

Das Erscheinen des ›Ch'a-king‹ muß in seiner Zeit beträchtliches Aufsehen erregt haben. Luh-yü stand dem Kaiser Tai-tsung (763-779) nahe, und seinem

1 Das chinesische Elysium.

Ruhm folgten viele Schüler. Von einigen ganz hervorragenden Kennern geht das Gerücht, daß sie imstande waren, den von Luh-yü zubereiteten Tee von dem seiner Schüler zu unterscheiden. Ein Mandarin hat seinen Namen dadurch unsterblich gemacht, daß er versäumte, den Tee des großen Meisters gebührend zu würdigen.

In der Sung-Dynastie kam der geschlagene Tee in Mode, und so entstand die zweite Schule des Tees. In einer kleinen Steinmühle wurden die Blätter zu Pulver zermahlen und dann mit einem feinen Besen aus gespaltetem Bambus in heißem Wasser geschlagen. Diese neue Art der Zubereitung führte zu Änderungen der Teegeräte Luh-yüs und auch in der Auswahl der Blätter. Salz wurde von nun an nicht mehr benutzt. Die Begeisterung der Menschen der Sung-Zeit für den Tee war ohne Grenzen. Feinschmecker wetteiferten miteinander, neue Mischungen zu erfinden, regelrechte Turniere fanden statt, die über ihre Güte entschieden. Der Kaiser Hui-tsung (1101-1124), der viel zu sehr Künstler war, um ein guter Herrscher zu sein, verschwendete seine Schätze für den Ankauf seltener Teesorten. Er schrieb selbst eine Abhandlung über die zwanzig Teearten, unter denen er den ›weißen Tee‹ als den seltensten und feinsten preist.

Das Tee-Ideal der Sung-Zeit unterschied sich von dem der Tang-Zeit in dem gleichen Maße, wie die

Lebensauffassungen dieser Zeiten. Die Sung-Zeit strebte danach, zu verwirklichen, was ihre Vorgängerin zu symbolisieren versuchte. Für den Neo-Konfuzianismus spiegelte sich das kosmische Gesetz nicht in der Erscheinungswelt wider, sondern die Erscheinungswelt war das kosmische Gesetz selbst. Ewigkeiten waren nur Augenblicke. Nirwana immer in Reichweite. Die taoistische Auffassung, daß Unsterblichkeit im ewigen Wechsel ruht, durchdrang die ganze Gedankenwelt. Es war der Fortschritt, nicht die Tat selbst, wonach man blickte. Das Vervollkommnen war wesentlich und nicht die Vollendung. So kamen die Menschen sofort in enge Verbindung mit der Natur. Die Kunst des Lebens bekam einen neuen Stil. Jetzt war der Tee nicht mehr ein poetischer Zeitvertreib, sondern er wurde ein Weg zur Selbstbesinnung. Wang yü-ch'eng lobte den Tee, der »seine Seele wie ein unmittelbares Ansinnen überflutete und dessen zarte Bitterkeit ihn an den Nachgeschmack eines guten Rates erinnerte«. Su Tung-p'o schrieb von der starken und makellosen Reinheit, die der Verdorbenheit trotze wie ein wahrhaft tugendhafter Mann. Unter den Buddhisten formte die südliche Zen-Sekte, die so viel von den taoistischen Lehren verkörperte, ein bis ins kleinste ausgearbeitetes Tee-Ritual. Die Mönche versammelten sich vor dem Bildnis Bodhidharmas und tranken alle den Tee aus einer einzigen Schale mit der tiefen Feierlichkeit eines heiligen Sakraments. Aus diesem Zen-Ritual entwickelte sich schließlich im fünfzehnten Jahrhundert in Japan die Teezeremonie.

Unglücklicherweise wurde alles, was die Sung-Kultur geschaffen hatte, durch den plötzlichen Einfall der Mongolenstämme im dreizehnten Jahrhundert zerstört, der zur Verwüstung und Unterjochung Chinas unter der barbarischen Gewaltherrschaft der Yüan-Kaiser führte. Die einheimische Dynastie der Ming, die um die Mitte des fünfzehnten Jahrhunderts eine nationale Wiedererhebung versuchte, wurde durch innere Unruhen aufgerieben, und so kam im siebzehnten Jahrhundert China wieder unter die Fremdherrschaft der Mandschu. Sitten und Gebräuche wechselten, und nicht eine Spur vergangener Zeiten blieb zurück. Ganz vergessen ist der Pulvertee. Wir finden einen Ming-Kommentator außerstande, die Form des Teelesens, die die Klassiker der Sung-Zeit erwähnten, dazustellen. Jetzt bereitet man den Tee, indem man die Blätter in einer Schale oder in einer Tasse mit heißem Wasser brüht. Der Grund, weshalb der westlichen Welt die ältere Art des Teetrinkens unbekannt geblieben ist, liegt darin, daß Europa den Tee erst am Ende der Ming-Dynastie kennenlernte.

Für den Chinesen von heute ist der Tee ein köstliches Getränk, aber nicht das ideale. Das lange

Unglück seines Volkes hat ihm das Verlangen nach dem Sinn des Lebens genommen. Er ist modern, das heißt alt und entzaubert geworden. Er hat jenen hohen Glauben an Illusionen verloren, der die ewige Jugend und die Kraft der Dichter und Weisen ausmacht. Er ist Eklektiker und nimmt höflich die Überlieferungen der Welt an. Er spielt mit der Natur, aber er läßt sich nicht dazu herbei, sie zu erobern oder sie zu verehren. Sein Blättertee ist oft wundervoll mit seinem blumenartigen Duft, aber der Zauber einer Zeremonie, wie sie die T'ang- und die Sung-Zeit hatten, findet sich nicht in seiner Schale.

Japan, das der chinesischen Kultur dicht auf dem Fuße folgt, kennt den Tee in allen drei Perioden. Bereits im Jahre 729 lesen wir, daß Kaiser Shômu hundert Mönche in seinem Palast bewirtete. Die Blätter wurden wahrscheinlich durch unsere Gesandten am Hofe der T'ang nach Japan gebracht und nach der damals üblichen Weise zubereitet. Im Jahre 801 brachte der Mönch Saichô Samen ins Land und baute ihn in Hieizan an. In den folgenden Jahrhunderten hören wir von vielen Teegärten, ebenso wie von dem Entzücken des Adels und der Priesterschaft über das Getränk. Der Tee des Sung-Hofes kam 1191 mit der Rückkehr Eisai-zenjis nach Japan, der nach China gegangen war, die südlichen Zen-Schulen zu studieren. Der neue Same, den er mitbrachte, wurde mit Erfolg an drei Stellen ausgesät. Eine von ihnen ist die Gegend von Uji in der Nähe von Kyôto, die noch heute dafür berühmt ist, den besten Tee der Welt hervorzubringen. Die südliche Zen-Schule verbreitete sich mit unglaublicher Schnelligkeit und mit ihr auch das Tee-Ritual und das Tee-Ideal der Sung. Im fünfzehnten Jahrhundert, unter der Schutzherrschaft des Shoguns Ashikaga Yoshimasa, bürgert sich die Teezeremonie völlig ein und wird zu einer weltlichen Angelegenheit. Seitdem ist der Teeismus in Japan ganz heimisch. Der gebrühte Tee, wie er zuletzt in China üblich war, ist bei uns verhältnismäßig neu und erst seit der Mitte des siebzehnten Jahrhunderts bekannt. Er hat den Pulvertee im Alltagsgebrauch verdrängt, obwohl dieser noch immer seine Stellung als der Tee des Tees innehat.

In der japanischen Teezeremonie aber sehen wir die höchste Vollendung des Tee-Ideals. Unser erfolgreicher Widerstand gegen den Mongoleneinfall im Jahre 1281 hat es uns möglich gemacht, die Ideen der Sung-Zeit weiterzuführen, die in China selbst durch den Nomadeneinfall ein Ende fanden. Der Teekult wurde bei uns mehr als nur eine Idealisierung der Form des Trinkens; er ist eine Religion der Lebenskunst. Das Teetrinken wurde allmählich ein Vorwand für die Verehrung der Reinheit und der Verfeinerung, es wurde eine heilige Handlung, bei der Gastgeber und Gast sich zusammenfanden, höchste irdische Glückseligkeit zu schaffen. Der Teeraum

war eine Oase in der trostlosen Wüste des Daseins, wo müde Wanderer sich treffen konnten, um sich gemeinsam am Quell des Kunstgenusses zu laben. Die Zeremonie war ein improvisiertes Drama, dessen Handlung sich um den Tee, die Blumen und die Malerei wob. Keine Farbe, die den Ton des Raumes störte, kein Klang, der den Rhythmus der Dinge beeinträchtigte, keine Bewegung, die sich in die Harmonie eindrängte, nicht ein Wort, das die Einheit der Umgebung brach: alle Bewegungen einfach und natürlich – das waren die Ziele der Teezeremonie. Und, merkwürdig genug, oft wurden sie erreicht. Eine tiefe Philosophie lag hinter alldem. Teeismus war Taoismus in anderer Gestalt.

III.
TAOISMUS UND ZEN-LEHRE

茶

DIE VERBINDUNG DER ZEN-LEHRE MIT DEM Tee ist sprichwörtlich. Wir haben schon erwähnt, daß sich die Teezeremonie aus dem Zen-Ritual entwickelt hat. Auch der Name Lao-tzes, des Begründers des Taoismus, ist mit der Geschichte des Tees eng verbunden. In dem chinesischen Schulhandbuch über den Ursprung der Sitten und Gebräuche steht geschrieben, daß die Zeremonie, einem Gast Tee anzubieten, mit Kuan Yin, einem bekannten Schüler des Lao-tze, begann, der zum ersten Male am Tor des Han-Passes dem ›Alten Philosophen‹ eine Schale des goldenen Lebenstrankes darreichte. Wir wollen uns nicht damit aufhalten, die Echtheit solcher Erzählungen zu prüfen; sie sind jedoch wertvoll, weil sie den frühen Gebrauch des Getränks durch die Taoisten bestätigen. Unser Interesse an Taoismus und Zen-Lehre gilt hier hauptsächlich den Gedanken über Leben und Kunst, die in dem, was wir Teeismus nennen, verkörpert sind.

Es ist bedauerlich, daß bisher eine ausreichende Darstellung der taoistischen und der Zen-Lehren in einer fremden Sprache fehlt, wenn auch mehrere lobenswerte Versuche zu finden sind.

Eine Übersetzung ist immer eine Vergewaltigung, und auch die beste kann, wie ein Schriftsteller der Ming-Zeit meint, nur wie die Rückseite eines Brokats wirken. Die Fäden sind wohl alle da, nicht aber die Feinheit von Farbe und Muster. Jedoch, welche große Lehre ließe sich leicht auslegen! Die alten Weisen haben ihre Lehren niemals in eine systematische Form gepreßt. Sie sprachen in Paradoxen, ängstlich darauf bedacht, keine Halbwahrheiten auszusprechen. Sie begannen, wie Narren zu sprechen, und endeten damit, ihre Hörer weise zu machen. Lao-tze selbst sagt mit seinem feinen stillen Humor: »Wenn Leute geringen Verstandes vom Tao hören, lachen sie sehr. Es wäre nicht das Tao, wenn sie nicht darüber lachten.«

Tao bedeutet wörtlich Pfad. Es ist auch als der Weg, das Absolute, das Gesetz, Natur, höchste Vernunft, Modus übersetzt worden. Diese Wiedergaben sind nicht falsch, denn der Gebrauch des Wortes ändert sich auch bei den Taoisten je nach dem Hauptgegenstand der Untersuchung. Lao-tze selbst sprach folgendermaßen davon: »Es gibt ein Ding, das allumfassend ist, das geboren wurde, ehe Himmel und Erde waren. Wie still! Wie einsam! Es steht allein und wandelt sich nicht. Es dreht sich ohne Gefahr für sich selbst und ist die Mutter des Alls. Ich kenne seinen Namen nicht, und darum nenne ich es Weg. Zögernd nur nenne ich es das Unendliche. Das Unendliche ist das Flüchtige, das Flüchtige ist das Vergängliche, das Vergängliche ist die Rückkehr.« Das Tao ist mehr Übergang als Weg. Es ist der Geist des kosmischen Wandels, – das ewige Wachstum, das in sich selbst wiederkehrt, um neue Formen zu zeugen. Wie der Drache, das geliebte Symbol der Taoisten, zieht es sich in sich selbst zurück. Es faltet und entfaltet sich wie die Wolken. Man könnte das Tao als den großen Übergang bezeichnen. Subjektiv ist es die Stimmung des Alls. Sein Absolutes ist das Relative.

Zuallererst sollte man daran denken, daß der Taoismus, wie sein rechtmäßiger Nachfolger, die Zen-Lehre, die individualistische Neigung der südchinesischen Seele vertritt, im Gegensatz zu dem Kommunismus Nordchinas, der sich im Konfuzianismus spiegelt. Das Reich der Mitte ist so groß wie Europa und hat eine Verschiedenheit der Eigenarten, die durch die beiden großen Flußsysteme, die es durchfließen, gekennzeichnet ist. Der Yangtzekiang und der Huang-ho entsprechen dem Mittelmeer und der Ostsee. Noch heute, trotz der jahrhundertelangen Vereinigung unterscheidet sich der Südchinese im Denken und Glauben von seinem nördlichen Bruder, wie sich der Mensch der lateinischen Rasse von dem Germanen unterscheidet. In alter Zeit, als der Verkehr noch schwieriger war als heute, und besonders in der Feudalzeit, war dieser Unterschied im Denken besonders ausgesprochen. Die Kunst und Poesie des einen atmen einen Geist, der völlig von dem des anderen verschieden ist. In Lao-tze und seinen Anhängern und in K'üh Yüan, dem Vorläufer der Naturdichter des Yangtze-kiang, finden wir einen Idealismus, der mit den prosaisch ethischen Gedanken der zeitgenössischen Autoren des Nordens ganz unvereinbar ist. Lao-tze lebte fünf Jahrhunderte vor der Zeitwende.

Der Keim taoistischer Gedanken findet sich lange vor Lao-tze, der den Namen ›der Langohrige‹ führte. Die alten Berichte Chinas, insbesondere das ›Buch der Wandlungen‹, werfen Schatten seiner Gedanken voraus. Jedoch die große Achtung, die man Gesetz und Brauchtum jener klassischen Periode chinesischer Zivilisation zollte, die im sechzehnten Jahrhundert vor Christus mit der Begründung der Chou-Dynastie ihren Höhepunkt erreichte, hielt für lange Zeit die Entwicklung des Individualismus in Schach. Erst nach dem Zerfall der Chou-Dynastie und der Errichtung zahlloser unabhängiger Königreiche entfaltete er sich in der unbeschränkten Gedankenfreiheit zur vollsten Blüte. Lao-tze und Sôshi (Chuang-tze) waren beide Männer des Südens und die bedeutendsten Vertreter der neuen Schule. Auf der anderen Seite strebte Konfuzius mit seinen zahlreichen Schülern danach, an den alten Bindungen festzuhalten. Der Taoismus kann nicht verstanden werden ohne einige Kenntnis des Konfuzianismus und umgekehrt.

Wir haben gesagt, für die Taoisten war das Relative das Absolute. Auf dem Gebiete der Ethik spotteten die Taoisten der Gesetze und Morallehren der Gesellschaft, denn Recht und Unrecht waren für sie nur relative Begriffe. Definition ist immer Begrenzung – ›das Feste‹ und ›das Unwandelbare‹ sind nur Ausdrücke, die ein Aufhören des Wachstums aufzeichnen. K'üh Yüan sagte: ›Die Weisen bewegen die Welt.‹ Die Regeln unserer Moral sind hervorgegangen aus den Bedürfnissen der Gesellschaft von gestern; muß sich aber die Gesellschaft immer gleich bleiben? Die Befolgung allgemeiner Traditionen schließt ein ständiges Opfern des Individuums an den Staat ein. Erziehung, um den großen Irrtum aufrechtzuerhalten, fördert eine Art Unwissenheit. Die Menschen werden nicht gelehrt, wirklich tugendhaft zu sein, sondern sich schicklich zu benehmen. Wir sind schlecht, weil wir schrecklich selbstbewußt sind. Wir vergeben anderen nie, weil wir wissen, daß wir selbst im Unrecht sind. Wir nähren ein Gewissen, weil wir uns fürchten, anderen die Wahrheit zu sagen; wir nehmen unsere Zuflucht zum Stolz, weil wir nicht wagen, uns selbst die Wahrheit zu sagen. Wie kann man die Welt ernst nehmen, da die Welt selbst so lächerlich ist! Überall herrscht der Geist des Tauschhandels. Ehre und Keuschheit! Schaut euch den selbstzufriedenen Händler an, der das Gute und Wahre feilbietet! Selbst eine sogenannte Religion kann man kaufen; eine Religion, die in Wirklichkeit nichts weiter ist als Alltagsmoral, mit Blumen und Musik geheiligt. Beraubt die Kirche ihres Beiwerkes, und was bleibt übrig? Und doch gedeiht dieser Handel prächtig, denn die Preise sind lächerlich gering, – ein Gebet für eine Eintrittskarte in den Himmel, ein Diplom für ein ehrenvolles Bürgerrecht. Verstecke dich schnell unter einem Gebüsch, denn wenn der Welt deine wahre Nützlichkeit bekannt wäre, würde dich der öffentliche Auktionator bald an den Meistbietenden versteigern. Warum preisen sich Männer und Frauen selbst so gern an? Ist es nicht nur ein Instinkt, der noch von den Tagen der Sklaverei herrührt?

Die Lebensfähigkeit einer Idee liegt nicht weniger in ihrer Kraft, zeitgenössische Gedanken zu durchbrechen, als in ihrer Fähigkeit, spätere Bewegungen zu beherrschen. Der Taoismus war während der Tsin-Dynastie, jener Epoche chinesischer Einigkeit, der wir den Namen ›China‹ verdanken, eine aktive Kraft. Wenn wir Zeit hätten, wäre es interessant, seinen Einfluß auf die Denker jener Zeit zu verfolgen, auf die Mathematiker, Gesetzes- und Kriegsgelehrten, Mystiker und Alchimisten und die späteren Naturdichter des Yangtze-kiang. Nicht einmal jene, die über die Realität nachsannen, sollten wir unbeachtet lassen; die daran zweifelten, ob ein weißes Pferd wirklich sei, weil es weiß oder greifbar war, noch die Konversationalisten der ›Sechs Dynastien‹, die, ähnlich den Zen-Philosophen, in Diskussionen über das Reine und Abstrakte schwelgten. Vor allem sollten wir dem Taoismus Anerkennung zollen für das, was er zur Bildung des chinesischen Charakters beigetragen hat, dem er eine gewisse Fähigkeit der Zurückhaltung und Läuterung ›so warm wie Jade‹ gab. Die chinesische Geschichte weist eine Fülle von Beispielen auf, daß die Anhänger des Taoismus, Fürsten wie Einsiedler, mit den verschiedenartigsten und interessantesten Ergebnissen der Lehre ihres Glaubens nacheiferten. Die Geschichte wird einer gewissen Belehrung und Unterhaltsamkeit nicht entbehren. Sie wird reich sein an Anekdoten, Allegorien und Aphorismen. Gern würden wir uns wohl mit jenem entzückenden Kaiser unterhalten, der niemals starb, weil er niemals lebte. Wir würden mit Lieh-tze auf dem Wind reiten und es vollkommen ruhig finden, weil wir selbst der Wind sind, oder wir würden mitten in der Luft verweilen, zusammen mit dem Alten vom Huang-ho, der zwischen Himmel und Erde lebte, weil er weder dem einen noch dem anderen untertan war. Selbst in dem grotesken Taoismus-Ersatz, den wir heute in China finden, können wir in einem Bilderreichtum schwelgen, wie ihn kein anderer Kult aufzuweisen hat.

Aber den Hauptbeitrag zum asiatischen Leben gab der Taoismus auf dem Gebiete der Ästhetik. Chinesische Historiker haben vom Taoismus immer als von der ›Kunst des In-der-Welt-Seins‹ gesprochen, denn er handelt von der Gegenwart, – von uns selbst. Es ist in uns, wo sich Gott und Natur treffen und wo das Gestern sich vom Morgen scheidet. Die Gegenwart ist die sich bewegende Unendlichkeit, die rechtmäßige Sphäre des Relativen. Relativität sucht Anpassung, Anpassung ist Kunst. Die Kunst des Lebens liegt in einer dauernden Neueinstellung zu unserer Umgebung. Der Taoismus nimmt das Weltliche hin, wie es ist, und versucht, anders als Konfuzianismus und Buddhismus, Schönheit in unserer Welt des Leides und der Qual zu finden. Die Sung-Allegorie von den drei Essigtrinkern deutet trefflich die Richtung der drei Lehren. Sakyamuni, Konfuzius und Lao-tze standen einst vor einem Krug mit Essig – dem Sinnbild des Lebens – und jeder tauchte seinen Finger in das Naß, um es zu kosten. Der nüchterne Konfuzius fand es sauer, Buddha nannte es bitter, und Lao-tze erklärte es für süß.

Die Taoisten behaupteten, die Komödie des Lebens würde interessanter werden, wenn jeder die

Einheit wahrte. Das Verhältnis der Dinge einzuhalten und anderen Platz zu machen, ohne seine eigene Stellung einzubüßen, das sei im irdischen Drama das Geheimnis des Erfolges. Wir müssen das ganze Stück kennen, um unsere Rolle richtig zu spielen; die Vorstellung des Ganzen darf in der des Einzelnen nie verlorengehen. Lao-tze veranschaulichte das in seiner Lieblingsmetapher vom Vakuum. Er behauptete, nur im Vakuum läge das wahrhaft Wesentliche. Die Realität eines Zimmers zum Beispiel sei in dem leeren Raum zu finden, der von Dach und Wänden umschlossen ist, und nicht in dem Dach und den Wänden selbst. Die Nützlichkeit eines Wasserkruges wohne in der Leere, in die Wasser hineingefüllt werden kann, und nicht in der Form des Kruges oder in dem Material, aus dem es gefertigt ist. Der leere Raum ist allmächtig, weil er allumfassend ist. Nur im leeren Raum wird Bewegung möglich. Wer sich in einen leeren Raum verwandelte, in den andere ungehindert hineingehen könnten, der wäre Meister aller Lebenslagen. Stets vermag das Ganze den Teil zu beherrschen.

Diese taoistischen Gedanken haben all unsere Theorien des Handelns weitgehend beeinflußt, selbst die der Fechtkunst und des Ringkampfes. Jû-jutsu, die japanische Kunst der Selbstverteidigung, verdankt seinen Namen einer Stelle im Tao-teh-king. Das Jû-jutsu sucht die Kraft des Feindes durch ein Nichtwiderstehen zu erschöpfen, ein Vakuum also, – man spart seine eigene Kraft für den Sieg im Endkampf auf. In der Kunst wird die Wichtigkeit desselben Grundsatzes durch den Wert der Suggestion veranschaulicht. Dadurch, daß man etwas ungesagt läßt, gibt man dem Betrachter die Möglichkeit, die Idee zu vollenden. Damit fesselt ein großes Meisterwerk die Aufmerksamkeit so unwiderstehlich, bis du selbst ein Teil davon zu werden scheinst. Ein Vakuum ist da, in das du hineingehen und das du mit deinem ästhetischen Gefühl bis an den Rand füllen mußt.

Wer sich zum Meister der Lebenskunst gemacht hatte, war der rechte Mann der Taoisten. Bei der Geburt tritt er in das Land der Träume ein und erwacht erst beim Tode zur Wirklichkeit. Er dämpft seine eigene Helligkeit, um sich mit der Dunkelheit der anderen zu vermischen. Er ist »zaudernd wie einer, der im Winter einen Strom überquert; zögernd wie einer, der die Nachbarschaft fürchtet; respektvoll wie ein Gast; sprüngig wie Eis vor der Schmelze; anspruchslos wie ein Stück rohes Holz; leer wie ein Tal; formlos wie erregte Wasser«. Für ihn waren die drei Juwelen des Lebens Mitleid, Wirtschaftlichkeit und Bescheidenheit.

Wenn wir nun unsere Aufmerksamkeit auf die Zen-Lehre lenken, finden wir, daß er die Lehren des Taoismus noch betont. Der Name Zen wird von dem Sanskritwort Dhyana abgeleitet, das Meditation bedeutet. Die Zen-Lehre behauptet, durch geheiligte Meditation äußerste Selbsterkenntnis erreichen zu können. Meditation ist einer der sechs Wege, die zur Buddhaschaft führen, und die Anhänger der Zen-Sekten bestätigen, daß Sakyamuni diese Methode in seinen späteren Lehren besonders betonte und ihre Regeln an seinen bedeutendsten Schüler Kasyapa weitergab. Der Überlieferung nach teilte Kasyapa, der erste Zen-Patriarch, das Geheimnis dem Ananda mit, der es den folgenden Patriarchen weitergab, bis es zu Bodhidharma, dem achtundzwanzigsten, gelangte. Bodhidharma kam in der ersten Hälfte des sechsten Jahrhunderts nach Nordchina und war der erste Patriarch des chinesischen Zen. Über die Geschichte dieser Patriarchen und ihrer Lehren besteht große Ungewißheit. Die Philosophie der frühen Zen-Lehre scheint einerseits mit dem indischen Negativismus von Nagarjuna verwandt zu sein und anderseits mit der von Sankaracharya geprägten Gnan-Philosophie. Die erste Zen-Lehre, wie wir sie heute kennen, muß dem sechsten chinesischen Patriarchen Hui-nëng (637-713) zugeschrieben werden, dem Gründer des wegen seiner Vorherrschaft in Südchina sogenannten ›südlichen Zen‹. Ihm folgt unmittelbar der große Ma-tsu (gestorben 788), der den Zen zu einer lebendigen Kraft im chinesischen Leben werden ließ. Peh-jang

(719-814), der Schüler Ma-tsus, gründete das Zen-Kloster und stellte Ritual und Regeln für seine Leitung auf. In der Diskussion der Zen-Schule nach der Zeit Ma-tsus wirkt das Spiel des Yangtze-kiang-Geistes, ein Wachsen der einheimischen Denkweise, im Gegensatz zu dem früheren indischen Idealismus, hervorrufend. Wie sehr auch Sektiererstolz das Gegenteil verfechten mag, werden wir, ob wir wollen oder nicht, beeindruckt von der Ähnlichkeit des südlichen Zen mit den Lehren des Lao-tze und der Tao-Konversationalisten. Schon im Tao-teh-king finden wir Anspielungen auf die Bedeutung der Selbstbesinnung und auf die Notwendigkeit, den Atem richtig zu regulieren – wesentliche Punkte bei der Ausübung der Zen-Meditation. Einige der besten Kommentare zu dem Werk Lao-tzes sind von Zen-Gelehrten geschrieben worden.

Zen-Lehre ist wie Taoismus Verehrung der Relativität. Ein Meister definiert Zen als die Kunst, den Polarstern am südlichen Himmel zu fühlen. Wahrheit läßt sich nur durch das Begreifen von Gegensätzen erlangen. Und wiederum ist die Zen-Lehre, wie der Taoismus, ein starker Verfechter des Individualismus. Nichts ist wirklich außer dem, was den Inhalt unserer eigenen Gedanken ausmacht. Hui-nëng, der sechste Patriarch, sah einmal zwei Mönche, die die im Wind flatternde Fahne einer Pagode beobachteten. Der eine sagte: »Es ist der Wind, der sie bewegt«, der andere: »Es ist die Fahne, die sich bewegt«; Hui-nëng aber erklärte ihnen, daß die wirkliche Bewegung weder von der Flagge noch von dem Winde käme, sondern von einem Etwas in ihnen selbst. Peh-jang ging mit einem Schüler im Walde spazieren, als ein Hase bei ihrem Nahen floh. »Warum flieht der Hase vor dir?« fragte Peh-jang. »Weil er vor mir Angst hat«, war die Antwort. »Nein«, sprach der Meister, »weil du einen mörderischen Instinkt hast.« Dieses Zwiegespräch erinnert an das von Sôshi (Chuang-tze), dem Taoisten. Eines Tages ging Sôshi mit einem Freund am Ufer eines Flusses spazieren. »Wie herrlich sich die Fische im Wasser erfreuen!« rief Sôshi aus. Sein Freund aber sprach also zu ihm: »Du bist kein Fisch; woher weißt du also, daß die Fische sich wohlfühlen?« »Du bist nicht ich«, gab Sôshi zurück, »wie willst du wissen, daß ich nicht weiß, daß die Fische sich erfreuen?«

Oft stand der Zen den Geboten des orthodoxen Buddhismus entgegen, wie ja auch der Taoismus dem Konfuzianismus entgegenstand. Für die transzendentale Einsicht des Zen waren Worte nur Hemmnis für Gedanken, alle die buddhistischen Schriften nur Kommentare persönlicher Spekulation. Die Anhänger des Zen strebten nach direkter Verbindung mit der inneren Natur der Dinge und betrachteten ihre äußeren Eigenschaften nur als Hindernisse für eine klare Durchdringung der

Wahrheit. Es war diese Vorliebe für das Abstrakte, die den Zen dazu führte, Schwarzweißzeichnungen den sorgfältig ausgearbeiteten farbigen Malereien der klassischen buddhistischen Schule vorzuziehen. Einige Zen-Jünger wurden sogar zu Bilderstürmern aus ihrem Streben heraus, Buddha lieber in sich selbst als in Bildern und Symbolen zu erkennen. Wir sehen Tanka-oshô eines Wintertages eine hölzerne Buddhastatue zerstören, um damit Feuer zu machen. »Welch ein Frevel!« sagte voll Schrecken einer, der dabeistand. »Ich will den Shari[1] aus der Asche gewinnen«, versetzte der Zenist gelassen. »Aber du wirst bestimmt keinen Shari aus diesem Standbild gewinnen!« war die zornige Entgegnung, auf die Tanka erwiderte: »Wenn das nicht der Fall ist, dann ist es bestimmt auch kein Buddha, und ich begehe keinen Frevel.« Dann drehte er sich um und wärmte sich an dem prasselnden Feuer.

Eine besondere Gabe des Zen an die Philosophie des Ostens war seine Anerkennung des Weltlichen als gleichberechtigt mit dem Geistigen. Er war der Ansicht, daß in der großen Gemeinschaft der Dinge kein Unterschied von Klein und Groß sei und daß ein Atom dieselben Möglichkeiten besitze wie das All. Der Sucher nach Vollkommenheit muß in seinem eigenen Leben den Widerschein des inneren

1 Kostbarer Edelstein, der sich nach der Verbrennung in den Körpern der Buddhas bilden soll.

Lichtes entdecken. Die Ordnung des Zen-Klosters war für diesen Standpunkt sehr bezeichnend. Jedem Insassen, mit Ausnahme des Abtes, war im Klosterleben eine bestimmte Arbeit zugewiesen, und merkwürdigerweise bekamen die Novizen die leichteren Arbeiten übertragen, während die angesehensten und fortgeschrittenen Mönche mit den mühevolleren und niedrigeren Aufgaben beauftragt wurden. Solche Dienste bildeten einen Teil der Zen-Disziplin, und jede, auch die geringste Sache mußte bis ins letzte vollkommen ausgeführt werden. So ergab sich beim Unkrautjäten im Garten, beim Rübenschnitzeln oder beim Teeservieren manche gewichtige Diskussion. Das ganze Ideal des Teeismus ist ein Ergebnis dieser Anschauung des Zen, daß auch in den kleinsten Begebenheiten des Alltagslebens das Große liegt. Der Taoismus lieferte die Grundlage für ästhetische Ideale, die Zen-Lehre setzte sie in die Tat um.

IV.
DER TEERAUM

茶

EUROPÄISCHE ARCHITEKTEN, DIE IN DER Tradition des Stein- und Ziegelbaues erzogen worden sind, scheint unsere japanische Bauweise mit Holz und Bambus schwerlich wert, überhaupt als Baukunst angesehen zu werden. Erst in allerletzter Zeit hat ein berufener Kenner westlicher Architektur die bemerkenwerte Vollendung unserer großen Tempel erkannt und ihr die gebührende Anerkennung gezollt.[1] Wenn dies sogar unserer klassischen Architektur so geht, können wir kaum erwarten, daß der Außenstehende die feine Schönheit des Teeraums würdigt, da doch seine Konstruktion und Ausstattung grundverschieden von denen des Westens sind.

Der Teeraum (Sukiya) will nichts anderes sein als ein einfaches Häuschen – eine Strohhütte, wie wir es nennen. Die ursprünglichen Schriftzeichen für Sukiya bedeuten Stätte der Phantasie. Später haben die

1 Wir verweisen auf Ralph U. Crams ›Impressions of Japanese Architecture and the Allied Arts‹, Baker & Tailor, New York 1905.

verschiedenen Teemeister verschiedene andere Zeichen dafür eingesetzt, die ihrem Begriff vom Teeraum entsprachen, und Sukiya kann Stätte der Leere oder Stätte des Unsymmetrischen bedeuten. Er ist Stätte der Phantasie insofern, als er errichtet wird, eine vorübergehende Heimstatt dichterischen Gefühls zu sein. Er ist Stätte der Leere, insofern er ohne jeden Schmuck ist, mit Ausnahme der wenigen Dinge, die gebraucht werden, um ein ästhetisches Augenblicksbedürfnis zu befriedigen. Er ist Stätte des Unsymmetrischen insofern, als er der Verehrung des Unvollkommenen geweiht ist, wobei mit Vorsatz irgend etwas unvollkommen gelassen wurde, um im Spiel der Phantasie vollendet zu werden. Die Ideale des Teeismus haben seit dem sechzehnten Jahrhundert unsere Architektur in einem solchen Maße beeinflußt, daß heute die gewöhnliche japanische Innenarchitektur wegen ihrer äußersten Einfachheit und Keuschheit in der Ausschmückung dem Ausländer beinahe dürftig erscheint.

Der erste selbständige Teeraum war die Schöpfung Sen no Sôekis, allgemein bekannt unter seinem späteren Namen Rikyû, des größten aller Teemeister, der im sechzehnten Jahrhundert unter der Schutzherrschaft des Taikô Hideyoshi die äußere Form der Teezeremonie schuf und zu hoher Vollendung brachte. Die Größenverhältnisse des Teeraumes waren schon früher von Shô-ô, einem berühmten Teemeister des fünfzehnten Jahrhunderts, festgelegt worden. Anfangs war der Teeraum nur ein Teil des gewöhnlichen Empfangszimmers, der bei einer Teegesellschaft durch einen Vorhang abgetrennt wurde. Den abgetrennten Raum nannte man Kakoi (Klause), ein Name, der noch jetzt für Teeräume angewendet wird, die in das Haus selbst eingebaut und nicht selbständige Gebäude sind. Der Sukiya besteht aus dem eigentlichen Teeraum, der bestimmt ist, nicht mehr als fünf Personen aufzunehmen, eine Zahl, die zu der Redensart »mehr als die Grazien und weniger als die Musen« Anlaß gab, einem Vorraum (Mizuya), wo die Teegeräte gespült und vor ihrem Gebrauch gerichtet werden, einer Wartehalle (Machiai), in der die Gäste warten, bis sie den Ruf zum Eintritt in den Teeraum erhalten, einem Gartenpfad (Roji), der Machiai und Teeraum verbindet. Der Teeraum sieht unscheinbar aus. Er ist kleiner als das kleinste japanische Haus, und seine Baustoffe sind gewählt, den Eindruck kultivierter Armut zu erwecken. Doch müssen wir daran denken, daß dies alles das Ergebnis tiefer künstlerischer Überlegung ist und daß alle Kleinigkeiten mit einer Sorgfalt ausgewählt worden sind, wie sie beim Bau der reichsten Paläste und Tempel nicht größer sein kann. Ein guter Teeraum kostet mehr als ein gewöhnliches Wohnhaus, denn die Auswahl des Baustoffes ebenso wie seine Bearbeitung erfordern außerordentliche Sorgfalt und

Genauigkeit. Und die Zimmerleute, die von den Teemeistern berufen werden, bilden eine auserlesene und hochangesehene Zunft unter den Handwerkern. Ihre Arbeit ist nicht weniger fein als die der Lackarbeiter.

Der Teeraum ist nicht nur verschieden von jedem Erzeugnis westlicher Architektur, sondern er steht auch im Gegensatz zu der klassischen Bauweise Japans selbst. Unsere alten stolzen Bauten weltlicher oder geistlicher Art waren schon ihrer Größe wegen nicht zu verachten. Die wenigen, die von den unheilvollen Feuersbrünsten der Jahrhunderte verschont geblieben sind, flößen uns durch ihre Maße und den Reichtum ihres Schmuckes Ehrfurcht ein. Riesige Holzpfeiler von zwei bis drei Fuß Durchmesser und von dreißig bis vierzig Fuß Höhe trugen mit Hilfe eines komplizierten Netzwerkes von Klammern die ungeheuren Balken, die unter dem Gewicht der ziegelgedeckten schrägen Dächer ächzten. Das Material und die Bauweise erwiesen sich, wenn sie auch dem Feuer leicht zum Opfer fielen, als widerstandsfähig gegen Erdbeben und waren den klimatischen Bedingungen des Landes angepaßt. In der Goldenen Halle des Hôryûji und in der Pagode von Yakushiji haben wir bemerkenswerte Beispiele von der Dauerhaftigkeit unserer Holzarchitektur. Diese Gebäude stehen schon an die zwölf Jahrhunderte unversehrt. Das Innere der alten Tempel und Paläste war ver-

schwenderisch ausgeschmückt. Im Hôôdô-Tempel in Uji, der aus dem zehnten Jahrhundert stammt, bewundern wir noch heute den in höchster Vollendung ausgeführten Altarhimmel und die vergoldeten Baldachine, vielfarbig und mit Spiegeln und Perlmutteinlagen versehen, und die Reste der Malereien und Skulpturen, die früher die Wände bedeckten. Später, in Nikkô und im Nijô-Schloß von Kyôto, sehen wir die architektonische Schönheit einer Fülle von Ornamenten geopfert, die in Farbe und Feinheit der äußersten Pracht arabischer und maurischer Arbeit gleichkommt.

Die Schlichtheit und Klarheit des Teeraumes leitet sich von den Zen-Klöstern her. Ein Zen-Kloster unterscheidet sich von dem anderer buddhistischer Sekten dadurch, daß es nichts weiter als nur Wohnstätte für die Mönche sein will. Seine Kapelle ist keine Stätte des Gottesdienstes oder das Ziel von Wallfahrten, sondern ein Studierraum, wo sich die Schüler zur Diskussion und zu Meditationsübungen zusammenfinden. Der Raum ist kahl mit Ausnahme eines Alkovens in der Mitte, in dem hinter dem Altar sich eine Statue Bodhidharmas, des Gründers der Sekte, befindet oder ein Bildnis Sakyamunis, begleitet von Kasyapa und Ananda, den beiden ersten Zen-Patriarchen. Auf dem Altar werden Blumen- und Weihrauchopfer dargebracht zum Andenken an all das, was diese weisen Männer für die

Entwicklung des Zen getan haben. Wir haben schon erwähnt, daß der von Zen-Mönchen eingeführte Ritus, den Tee reihum aus einer Schale vor dem Bildnis Bodhidharmas zu trinken, den Grund zur Teezeremonie legte. Wir möchten hier hinzufügen, daß der Altar der Zen-Kapelle das Urbild der Tokonoma war, des Ehrenplatzes im japanischen Raum, wo zur Erbauung der Gäste Bilder und Blumen aufgestellt werden.

Alle unsere großen Teemeister waren Zen-Schüler und versuchten, den Geist der Zen-Lehre in den Alltag des Lebens zu tragen. So spiegelt der Raum und auch das andere Zubehör der Teezeremonie manche der Zen-Lehren wider. Die Größe des genau nach der Vorschrift errichteten Teeraumes, viereinhalb Matten oder zehn Fuß im Quadrat, ist festgelegt durch eine Stelle in der Sutra von Vikramaditya. In diesem interessanten Werk begrüßt Vikramaditya den heiligen Manjusri und vierundachtzigtausend Buddhaschüler in einem Raum von dieser Größe – eine Allegorie, die sich auf die Theorie stützt, daß es für den wahrhaft Erleuchteten keinen Raum gibt. Der Roji wiederum, der Gartenpfad vom Machiai zum Teeraum, versinnbildlicht das erste Stadium der Meditation: – den Schritt zur Selbsterleuchtung. Der Roji soll die Verbindung mit der Außenwelt unterbrechen und ein neues Gefühl erwecken, das für einen vollen Genuß des Ästhetizismus im Tee-

raum selbst den Weg ebnet. Wer diesen Gartenpfad gewandelt ist, wird unfehlbar daran erinnert, wie sein Geist sich über die Gedanken des Alltags erhob, während er im Dämmer immergrüner Bäume über die regelmäßige Unregelmäßigkeit der Trittsteine, neben denen vertrocknete Tannennadeln lagen, und an moosbedeckten granitenen Steinlaternen vorüber schritt. Man kann mitten in der Großstadt sein und sich doch weit entfernt von ihrem Staub und Lärm fühlen. Groß war die Begabung der Teemeister, wenn sie diese Heiterkeit und Lauterkeit in ihren Wirkungen ausdachten. Das Wesen der Gefühle, die ein Gang über den Roji auslöst, war bei den einzelnen Teemeistern verschieden. Einige, wie Rikyû, dachten an äußerste Einsamkeit und behaupteten, das Geheimnis eines Roji sei in dem alten Liedchen enthalten:

Hinüber blicke ich:
Weder Blumen
Noch farbige Blätter.
Am Gestade des Meeres
Eine einsame Hütte
Im schwindenden Licht
Eines Herbstabends.

Andere, wie Kobori Enshû, suchten nach anderer Wirkung. Enshû glaubte das Wesen des Gartenpfades in den folgenden Versen zu finden:

Eine Gruppe Sommerbäume,
Ein Streifen Meer,
Ein blasser Abendmond.

Es ist nicht schwer, seine Gedanken nachzufühlen. Er wollte den Gemütszustand einer neuerwachenden Seele schaffen, die noch in schattigen Träumen der Vergangenheit umherirrt, noch von der süßen Unbewußtheit eines übersinnlichen Lichtes umspült, und doch nach Freiheit verlangt, die weit im Jenseits liegt.

So vorbereitet wird der Gast schweigend zum Heiligtum schreiten, und wenn er ein Samurai ist, wird er sein Schwert auf das Gestell unter der Dachtraufe legen, denn der Teeraum ist vor allem Stätte des Friedens. Dann beugt er sich tief hinab, um durch eine enge Tür, nicht höher als drei Fuß, in den Raum zu schlüpfen. Dies wurde allen Gästen – ob hoch, ob niedrig – auferlegt: zur Demut sollte es erziehen. Über die Frage des Vortritts ist man beim Warten im Machiai übereingekommen; nacheinander treten die Gäste lautlos ein und setzen sich erst, nachdem sie sich vor dem Bild oder den Blumen in der Tokonoma verneigt haben. Der Gastgeber betritt den Raum erst, wenn alle Gäste sitzen und Stille herrscht, in der nur das Summen des siedenden Wassers in dem eisernen Kessel tönt. Der Kessel singt gut, denn auf seinem Boden sind Eisenstückchen so angeordnet, daß sie eine eigene Melodie erzeugen, in der man das Echo eines Wasserfalles zu hören meint, von Wolken gedämpft, den Widerhall des fernen Meeres, das gegen Felsen brandet, einen Regenguß, der in einem Bambuswald niedergeht, oder den Wind in den Kiefern eines fernen Hügels.

Selbst bei Tage ist das Licht des Raumes gedämpft, denn das weit herabreichende schräge Dach läßt nur wenige Sonnenstrahlen herein. Alles von der Decke bis zum Fußboden ist ruhig in der Farbe; die Gäste wählen sorgfältig Kleider in unaufdringlichen Farben. Die Ausgeglichenheit des Alters liegt über allem. Alles, was an ein neu Angeschafftes erinnern könnte, ist verbannt, im Gegensatz dazu zeigen sich allein die Bambuskelle und das Leinenmundtuch, beide makellos weiß und neu. Wie verblichen auch der Teeraum und all sein Zubehör erscheinen mag, so ist doch alles völlig sauber. Selbst in der dunkelsten Ecke wird sich kein Stäubchen finden, denn wenn es da wäre, wäre der Gastgeber kein Teemeister. Zu den wesentlichsten Eigenschaften, die ein Teemeister besitzen muß, gehört die Kenntnis vom Fegen, Reinigen und Waschen, denn Reinigen und Abstauben ist auch eine Kunst. Ein Stück antike Metallarbeit darf nicht mit dem rücksichtslosen Eifer einer holländischen Hausfrau bearbeitet werden. Wassertropfen an einer Blumenvase brauchen nicht weggewischt zu werden, denn sie erinnern an Tau und Kühle.

Hierzu gibt es eine Geschichte von Rikyû, die die Reinlichkeitsbegriffe, wie sie von den Teemeistern gepflegt werden, gut illustriert. Rikyû beobachtete seinen Sohn Shôan, wie er den Gartenweg fegte und sprengte. »Nicht rein genug«, sagte Rikyû, als sein Sohn die Arbeit beendet hatte, und gab ihm auf, es noch einmal zu tun. Nach einer Stunde ermüdender Arbeit wandte sich der Sohn an Rikyû und sagte: »Vater, nichts ist mehr zu tun. Die Stufen sind zum dritten Male gewaschen, die Steinlaternen und die Bäume mit Wasser reichlich besprengt, Moos und Flechten leuchten in frischem Grün; nicht einen Zweig, nicht ein Blatt habe ich auf dem Boden liegen lassen.« »Junger Narr«, schalt der Teemeister, »so soll man keinen Gartenweg fegen.« Sprach es und trat in den Garten hinaus, schüttelte einen Baum und streute so über den Garten goldene und purpurfarbige Blätter, Fetzchen herbstlichen Brokates! Was Rikyû forderte, war nicht allein Sauberkeit, sondern auch Schönheit und Natürlichkeit.

Der Ausdruck ›Stätte der Phantasie‹ schließt ein, daß es sich um einen Bau handelt, der geschaffen ist, individuelle künstlerische Bedürfnisse zu befriedigen. Der Teeraum ist für den Teemeister gemacht, nicht der Teemeister für den Teeraum. Er ist nicht für die Nachwelt bestimmt und daher vergänglich. Der Gedanke, daß jedermann ein eigenes Haus haben soll, gründet sich auf eine alte Sitte des japanisches Volkes. Der Shintô-Aberglaube fordert nämlich, daß jedes Wohnhaus beim Tode seines Hausherrn geräumt werden muß. Vielleicht hat dieser Brauch, ohne daß man sich dessen bewußt war, hygienische Gründe. Eine andere alte Sitte war, daß jedem jungverheirateten Paar ein neugebautes Haus eingerichtet werden sollte. Auf solche Gepflogenheiten ist es zurückzuführen, daß die Kaiserstadt des Reiches in alter Zeit so häufig verlegt wurde. Die Tatsache, daß der Ise-Schrein, das höchste Heiligtum der Sonnengöttin, alle zwanzig Jahre neu gebaut wird, ist ein Beispiel für einen dieser alten Bräuche, die noch heute gelten. Die Einhaltung dieser Sitte war nur bei einer Bauweise möglich, wie wir sie in unserem System der Holzarchitektur haben, die leicht niederzureißen, aber auch leicht wieder aufzubauen ist. Eine dauerhaftere Bauweise mit Ziegel und Steinen hätte Wanderungen unmöglich gemacht, wie es ja auch geschah, als die stabilere und massivere Holzkonstruktion Chinas nach der Nara-Zeit von uns übernommen wurde.

Mit der Vorherrschaft des Zen-Individualismus im fünfzehnten Jahrhundert jedoch wurde die alte Idee des Teeraums mit tieferer Bedeutung erfüllt. Die Zen-Lehre mit der buddhistischen Theorie von der Vergänglichkeit und ihrer Forderung nach der Herrschaft des Geistes über die Materie erkannte das Haus nur als vorübergehenden Zufluchtsort des

Körpers an. Der Körper selbst war nur eine Hütte in der Wildnis, ein schwaches Schutzdach, geflochten aus Gräsern, die ringsherum wuchsen – und wenn man sie löste, wieder in der ursprünglichen Wildnis aufgingen. Beim Teeraum wird dieses Flüchtige angedeutet durch das Strohdach, die Zerbrechlichkeit der schlanken Pfeiler, die Leichtheit der Bambusträger, die scheinbare Nachlässigkeit im Gebrauch alltäglichen Materials. Das Ewige ist allein in dem Geist zu finden, der sich in dieser einfachen Umgebung verkörpert und sie mit dem milden Licht seiner Verklärung verschönt. Die Forderung, den Teeraum so zu bauen, daß er dem Geschmack eines einzelnen Menschen entspricht, verstärkt den Grundsatz von der Lebendigkeit der Kunst. Um voll gewürdigt zu werden, muß die Kunst immer dem Leben ihrer Zeit entsprechen. Wir wollen die Forderungen der Vergangenheit nicht unbeachtet lassen, aber wir sollen dennoch danach trachten, die Gegenwart mehr zu genießen. Wir wollen nicht die Schöpfungen der Vergangenheit mißachten, sondern wir sollen versuchen, sie in unser Bewußtsein aufzunehmen. Ein sklavisches Festhalten an Überlieferungen und Formeln legt den individuellen Ausdruck in der Architektur in Fesseln. Müssen wir nicht weinen über jene sinnlosen Nachahmungen europäischer Bauten im modernen Japan? Wir wundern uns, warum die Architektur gerade der fortgeschrittensten

Völker des Westens so jeder Originalität entbehrt und so reich ist an einer Wiederholung früherer Stile. Vielleicht durchleben wir jetzt eine Zeit der Demokratisierung der Kunst und harren eines königlichen Meisters, der seine neue Kunst-Dynastie begründen wird. Ich wollte, wir liebten die Alten mehr und kopierten sie weniger! Man hat gesagt, daß die Griechen groß waren, weil sie niemals aus der Antike geschöpft haben.

Die Bezeichnung ›Stätte der Leere‹ schließt, zumal sie die taoistische Theorie des Allumfassenden enthält, den Begriff der dauernden Notwendigkeit eines Schmuckwechsels ein. Der Teeraum ist völlig leer, mit Ausnahme dessen, was vorübergehend dort zur Befriedigung einer ästhetischen Stimmung Platz findet. Irgendein besonderer Kunstgegenstand wird für eine Gelegenheit hereingetragen, und alles andere wird so ausgewählt und angeordnet, daß es die Schönheit des Hauptgegenstandes betont. Man kann nicht verschiedenen Musikstücken gleichzeitig lauschen; denn das wahre Erfassen des Schönen ist nur dann möglich, wenn man sich auf das Hauptmotiv konzentriert. Man sieht also, daß die Art der Ausschmückung unserer Teeräume völlig im Gegensatz zu der des Westens steht, wo das Innere eines Hauses oft in ein Museum verwandelt wird. Auf einen Japaner, der an Schlichtheit der Ausschmükkung und an einen häufigen Wechsel des Schmukkes gewöhnt ist, macht das Innere eines europäischen Hauses mit seinem dauernden ungeheuren Aufwand an Bildern, Statuen und Antiquitäten den Eindruck einer ganz gewöhnlichen Zurschaustellung des Reichtums. Schon der dauernde Anblick eines einzigen Kunstwerkes setzt großes Kunstverständnis voraus, und ohne Grenzen muß die Fähigkeit künstlerischen Nachempfindens bei den Menschen sein, die Tag für Tag inmitten eines solchen Durcheinanders von Farben und Formen leben können, wie man es so oft in den Häusern Europas oder Amerikas sieht.

›Stätte des Unsymmetrischen‹ deutet auf eine andere Eigentümlichkeit in unserer Art des Schmückens hin. Das Fehlen von Symmetrie in japanischen Kunstwerken ist von Kritikern des Westens viel besprochen worden. Auch das ist ein Ergebnis der Auswirkung taoistischer Ideale auf dem Wege über die Zen-Lehre. Der Konfuzianismus mit seinen tief verwurzelten Ideen des Dualismus und der Buddhismus des Nordens mit seiner Verehrung der Dreieinigkeit standen dem Ausdruck der Symmetrie in keiner Weise entgegen. Im Gegenteil, wenn wir die alten chinesischen Bronzen oder die religiösen Kunstwerke der T'ang-Dynastie und der Nara-Zeit betrachten, finden wir ein dauerndes Streben nach Symmetrie. Die Ausschmückung unserer Innenräume war in der klassischen Zeit in ihrer

Anordnung durchaus regelmäßig. Die taoistische und zenistische Auffassung der Vollendung war jedoch eine andere. Die dynamische Natur dieser Philosophie betonte mehr den Vorgang, durch den die Vollendung angestrebt wurde, und nicht die Vollendung selbst. Nur der konnte wahre Schönheit entdecken, der im Geiste das Unvollendete vollendete. Die Kraft des Lebens und der Kunst lag in ihrer Möglichkeit, zu wachsen. Im Teeraum ist es jedem Gast überlassen, in der Phantasie die gesamte Wirkung in ihrer Beziehung zu seinem Ich zu vollenden. Seit die Denkweise der Zen-Lehre vorherrscht, hat die Kunst des Fernen Ostens bewußt das Symmetrische vermieden, weil es nicht nur Vollkommenheit, sondern auch Wiederholung bietet. Einheitlichkeit des Musters wurde als verderblich für die Frische der Phantasie angesehen. So zog man die Darstellung von Landschaften, Vögeln und Blumen der des Menschen vor, der ja in der Gestalt des Betrachters selbst zugegen ist. Wir treten oft zu sehr in Erscheinung, und trotz unserer Eitelkeit wird Selbstbetrachtung schließlich eintönig.

Im Teeraum ist die Furcht vor dem Sichwiederholen allgegenwärtig. Die verschiedenen Gegenstände der Raumausschmückung müssen so gewählt werden, daß sich keine Farbe und kein Muster wiederholt. Wenn eine lebende Blume darin steht, ist ein Blumenbild nicht zulässig. Benutzt man einen runden Kessel, dann muß die Schöpfkelle eckig sein. Eine Tasse mit schwarzer Glasur darf nicht zusammen mit einer Teebüchse aus schwarzem Lack verwendet werden. Wenn man eine Vase auf das Weihrauchbecken der Tokonoma stellt, muß man achtgeben, daß man sie nicht genau in die Mitte setzt, damit nicht der Raum in zwei gleiche Hälften geteilt wird. Der Pfeiler der Tokonoma soll von anderem Holz als die übrigen Pfeiler sein, um jeden Eindruck der Eintönigkeit im Raum zu vermeiden.

Auch hier unterscheidet sich die japanische Art der Innendekoration von der des Westens, wo wir Gegenstände symmetrisch auf dem Kaminsims oder anderswo angeordnet sehen. In den Häusern des Westens tritt uns oft das gegenüber, was wir als nutzlose Wiederholung empfinden. Es ist schwer für uns, mit einem Manne zu sprechen, während über ihm sein lebensgroßes Bild auf uns herabschaut. Wir fragen uns, wer der echte ist, der auf dem Bild oder der, der spricht, und haben das merkwürdige Gefühl, daß einer von beiden falsch sein muß. Oftmals haben wir an einer Festtafel gesessen und mit heimlicher Furcht für unsere Verdauung die Darstellung eines Überflusses von Leckerbissen an der Wand des Speisezimmers betrachtet. Weshalb diese gemalten Opfer von Jagd und Sport, diese reichen Schnitzereien von Fischen und Früchten? Warum diese

Schaustellung von Familienbildern, die uns an jene erinnern, die gespeist haben und tot sind?

Die Einfachheit des Teeraumes und das Freisein vom Alltäglichen machen ihn wahrhaft zu einem Zufluchtsort vor den Sorgen der Außenwelt. Dort, und allein dort, kann man sich der ungestörten Anbetung des Schönen hingeben. Im sechzehnten Jahrhundert war der Teeraum für die rauhen Krieger und Staatsmänner, die an der Einigung und an dem Wiederaufbau Japans arbeiteten, eine willkommene Stätte der Erholung von ihrer Arbeit. Im siebzehnten Jahrhundert, nachdem das starre Formenwesen der Tokugawa-Herrschaft entwickelt war, bot der Teeraum die einzige Möglichkeit für ein freies Beisammensein künstlerischer Geister. Vor einem großen Kunstwerk gab es keinen Unterschied zwischen Daimyô, Samurai und einfachem Mann. Heute macht die Industrialisierung wirklich vornehme Lebensarten auf der ganzen Welt immer schwerer. Brauchen wir darum den Teeraum nicht mehr denn je?

1 Portrait Kakuzō Okakura (Okakura Tenshin) von Shimomura Kanzan (1873–1930). Studie, leichte Farben auf Papier, 136/66,7 cm, 1922. Tōkyō Geijutsu Daigaku (Staatliche Kunstakademie Tōkyō).

2 Räucherwerkdose aus Pflaumenholz, H. 4 cm, Durchm. 4,7 cm, Kyōto; 17. Jh.

3 Wasserkessel Arare-Hiyakukoigama aus Eisenguß; Durchm. 21 cm, Kyōto; 20. Jh.

4 (links) Teegerät als Set aus einem Teekasten mit schwarzer raku-*Teeschale (Durchm. ca. 11 cm),* natsume-*Teedose aus schwarzem Lack und Teelöffel* chashaku *aus Bambus, Kyōto; 19. Jh.*

5 Fünfeckige Kuchenschale gokakubon *aus mit Papier bespannter Schnur geformt und mit Lack überzogen, Durchm. 14,5 cm, Kyoto; 17. Jh.*

6 *Wassergefäß* mizusashi *aus gebogenem und gelacktem Holz auf niedrigen Füßen, H. 17,5 cm, Durchm. 18,5 cm, Kyōto; 18. Jh.*

7 Teelöffel Oimatsu-chashaku *aus Bambus mit Etui, ebenfalls aus Bambus, 18,2 cm, Kyōto; 20. Jh. Mit Gedichtinschrift: »Im Schatten/der Zweige Grün/ach, aus schöner/ Kiefer die uralten/Stimmen zu hören!«*

8 Teeschale chawan *aus braunglasiertem Seto-Steinzeug, H. 7,8 cm, Durchm. 12,2 cm, Kyōto; 19. Jh.*

V.
WERTUNG DER KUNST

茶

HABT IHR SCHON EINMAL DIE TAOISTIsche Erzählung von der Bezwingung der Harfe gehört?

In grauer Vorzeit stand in der Bergschlucht von Lung-mën[1] ein Kiribaum, ein wahrer König des Waldes. Sein Haupt hob er, um mit den Sternen zu sprechen; seine Wurzeln drangen tief in die Erde und verflochten ihre bronzefarbigen Locken mit denen des silbernen Drachens, der darunter schlief. Und es geschah, daß ein mächtiger Zauberer aus diesem Baum eine Wunderharfe machte, deren störrische Natur nur von dem größten aller Musiker bezwungen werden sollte. Lange Zeit hindurch wurde das Instrument vom Kaiser von China wie ein Schatz gehütet, vergeblich aber war die Mühe derer, die nacheinander versuchten, ihren Saiten eine Melodie zu entlocken. Als Antwort auf ihre äußersten Anstrengungen gab die Harfe nur schrille Töne des Abscheus von sich, die schlecht zu

1 Die Drachenschlucht von Ho-nan.

den Liedern stimmten, die sie gern singen wollten. Die Harfe weigerte sich, einen Meister anzuerkennen.

Endlich kam Peh-Ya, der König der Harfner. Mit zarter Hand liebkoste er die Harfe, wie man wohl ein ungebärdiges Pferd zu besänftigen sucht, und weich schlug er die Akkorde an. Von der Natur sang er und von den Jahreszeiten, von hohen Bergen und fließenden Wassern, und alle Erinnerungen des Baumes erwachten. Der süße Hauch des Frühlings wehte noch einmal durch seine Zweige. Die jungen Wasserfälle lachten die Bergschlucht hinabplätschernd den knospenden Blumen zu. Dann tönten die verträumten Stimmen des Sommers mit seinen unzähligen Insekten, das Rieseln des Regens, der Ruf des Kuckucks. Horch! Ein Tiger brüllt – das Tal antwortet darauf. Es ist Herbst; in der einsamen Nacht glänzt scharf wie ein Schwert der Mond auf das bereifte Gras. Nun regiert der Winter; durch die schneerfüllte Luft ziehen Scharen von Schwänen, und prasselnde Hagelkörner schlagen mit wilder Lust auf die Zweige.

Dann ändert Peh-Ya die Tonart und sang von Liebe. Der Wald neigte sich wie ein feuriger Liebhaber, tief in Gedanken verloren. Oben, wie eine stolze Maid, glitt eine schöne lichte Wolke dahin, aber im Vorüberfliegen zeichnete sie lange Schatten auf den Boden, dunkel wie die Verzweiflung. Wieder wechselte Peh-Ya die Tonart. Er sang von Krieg, von klirrendem Stahl und dampfenden Rossen. Und in der Harfe erhob sich der Sturm von Lung-mën, der Drache ritt den Blitz, donnernde Lawinen hallten durch die Berge. Hingerissen fragte der Kaiser des Himmels Peh-Ya, worin das Geheimnis seines Sieges läge. »Herr«, erwiderte er, »anderen ist es mißlungen, weil sie nur von sich selber sangen. Ich überließ es der Harfe, ihr Thema zu wählen, und wußte in Wahrheit nicht, ob die Harfe Peh-Ya oder Peh-Ya die Harfe war.«

Diese Geschichte veranschaulicht deutlich das Geheimnis der Kunstwertung. Das Meisterwerk ist eine Symphonie, gespielt auf unseren feinsten Empfindungen. Wahre Kunst ist Peh-Ya, und wir sind die Harfe von Lung-mën. Die magische Berührung des Schönen weckt die geheimen Akkorde unserer Seele, wir zittern und beben als Antwort auf den Ruf. Herz spricht zu Herz. Wir lauschen dem Unausgesprochenen, wir schauen das Unsichtbare. Der Meister ruft Töne hervor, von denen wir nichts wissen. Längst vergessene Erinnerungen kehren mit neuem Sinn zu uns zurück. Hoffnungen, von Furcht unterdrückt, Sehnsüchte, die wir gar nicht auszudenken wagen, drängen sich mit neuem Glanze hervor. Unsere Seele ist die Leinwand, auf die der Künstler seine Farben aufträgt, seine Tongebung sind unsere Gefühle, ihr Helldunkel ist das Licht der Freude, der

Schatten, der Trauer. Das Meisterwerk ist wir, so wie wir das Kunstwerk sind.

Die für eine Wertung der Kunst notwendige Gemeinschaft gleichgestimmter Seelen muß sich auf gegenseitigem Verstehen aufbauen. Der Betrachter muß für die Aufnahme des Gegebenen in der rechten Stimmung sein, ebenso wie auch der Künstler wissen muß, es mitzuteilen. Der Teemeister Kobori Enshû, der selbst ein Daimyô war, hat uns folgende denkwürdigen Worte hinterlassen: »Nähere dich einem großen Gemälde so wie einem hohen Fürsten.« Um ein Meisterwerk zu verstehen, mußt du dich vor ihm niederwerfen und mit verhaltenem Atem seiner geringsten Äußerung lauschen. Ein bedeutender Sung-Kritiker machte einmal ein bezauberndes Geständnis. Er sagte: »In meinen jungen Jahren pries ich den Meister, dessen Bilder mir gefielen, aber als mein Urteil reifer wurde, lobte ich mich selbst, weil mir gefiel, was der Meister mir zu Gefallen ausgewählt hatte.« Es ist bedauerlich, daß so wenige unter uns sich wirklich die Mühe nehmen, die Stimmungen der Meister nachzufühlen. In unserer eigensinnigen Unwissenheit weigern wir uns, ihnen diese einfache Höflichkeit zu erweisen, und versäumen so oft das reiche Mahl an Schönheit, das unmittelbar vor unseren Augen gerichtet wird. Ein Meister hat stets etwas darzubieten, und wir bleiben hungrig, nur weil es uns am rechten Verständnis mangelt.

Dem Mitfühlenden wird ein Meisterwerk lebendige Wirklichkeit, zu der er sich durch Bande der Kameradschaft hingezogen fühlt. Die Meister sind unsterblich, denn ihre Liebe und ihre Furcht leben immer und immer wieder in uns auf. Es ist viel eher die Seele als die Hand, viel eher der Mensch als die Technik, die zu uns sprechen, – je menschlicher der Ruf ist, um so tiefer ist unsere Antwort. Aus diesem tiefinneren Verstehen zwischen dem Meister und uns fühlen wir in Poesie und Prosa mit dem Helden oder der Heldin Leiden und Freuden. Chikamatsu, unser japanischer Shakespeare, hat es als einen der ersten Grundsätze dramatischer Kunst bezeichnet, das Publikum in die Gedanken des Verfassers einzuweihen. Mehrere Schüler legten ihm Stücke vor, um sein Urteil zu hören, jedoch nur eins davon fand seine Billigung. Es war ein Stück, das in mancher Hinsicht der ›Komödie der Irrungen‹ ähnlich war und in dem ein Zwillingsbrüderpaar unter Verwechslung zu leiden hat. »Dieses«, sagte Chikamatsu, »besitzt den wahren Charakter des Dramas, denn es nimmt auf das Publikum Rücksicht. Die Zuschauer dürfen mehr wissen als die Schauspieler. Sie wissen, wo der Fehler liegt, und bemitleiden die unglücklichen Gestalten auf der Bühne, die unschuldig in ihr Verderben gehen.«

Die großen Meister des Ostens und auch des Westens sind sich immer des Wertes der Suggestion als eines Mittels, den Zuschauer ins Vertrauen zu ziehen, bewußt gewesen. Wer kann wohl ein Kunstwerk betrachten, ohne Ehrfurcht zu empfinden vor der gewaltigen Fülle der Gedanken, die sich vor uns auftut. Wie lieb und vertraut sind sie alle, wie kalt dagegen die moderne Mittelmäßigkeit. Dort fühlen wir den warmen Strom eines Menschenherzens, hier nur einen formellen Gruß. Mit all seiner Technik wächst der moderne Schriftsteller selten über sich selbst hinaus. Wie alle Sänger, die die Lung-mën-Harfe vergeblich schlugen, singt er nur von sich selbst. Seine Werke mögen der Wissenschaft nahe sein, aber von der Menschlichkeit sind sie weit entfernt. Wir haben in Japan ein altes Sprichwort, daß eine Frau niemals einen Mann lieben kann, der wirklich eitel ist, denn sein Herz hat keinen Spalt, in den die Liebe eindringen und den sie ausfüllen könnte. In der Kunst ist die Eitelkeit für das aufrichtige Mitgefühl gleichermaßen verhängnisvoll auf seiten des Künstlers wie auf seiten des Publikums.

Nichts ist erwünschter als die Gemeinschaft verwandter Seelen in der Kunst. Im Augenblick des Zusammentreffens erhebt sich der Kunstliebhaber über sich selbst. Zur gleichen Zeit ist er und ist auch nicht. Er erhascht einen Schimmer der Unendlichkeit, aber Worte können sein Entzücken nicht künden, denn das Auge hat keine Zunge. Befreit von den Fesseln der Materie, schwingt sein Geist im Rhythmus der Dinge. So wird die Kunst der Religion verwandt und adelt die Menschheit. Das ist es, was ein Kunstwerk zu etwas Heiligem macht. In alten Zeiten hielten die Japaner das Werk eines großen Künstlers in hohen Ehren. Die Teemeister wahrten ihre Schätze streng verborgen, und oft mußte man eine ganze Reihe von Kästchen, eins im anderen, öffnen, ehe man das Heiligtum selbst fand, – die seidene Hülle, in deren weichen Falten das heiligste der Heiligtümer lag. Selten wurde der Gegenstand gezeigt, und dann nur einem Eingeweihten.

In der Zeit, als der Teeismus größten Einfluß hatte, zogen die Generäle des Taikô als Siegeslohn ein seltenes Kunstwerk einer reichen Belehnung mit Ländereien vor. Viele unserer Lieblingsdramen handeln vom Verlust und Wiederfinden eines berühmten Kunstwerkes. In einem Stück zum Beispiel bricht durch die Nachlässigkeit des wachhabenden Samurai in dem Palast des Fürsten Hosokawa, der das berühmte Dharma-Bild von Sesson barg, Feuer aus. Entschlossen, das kostbare Gemälde um jeden Preis zu retten, stürzt sich der Samurai in das brennende Gebäude und ergreift das Kakemono, allein er sieht jeden Ausgang von Flammen versperrt. Nur von dem Gedanken an das Bild erfüllt, schlitzt er sich mit dem Schwert den Leib auf, wickelt seinen zerrissenen Ärmel um den Sesson und birgt ihn in der klaffenden Wunde. Schließlich wird das Feuer gelöscht.

Unter den rauchenden Trümmern findet man den halbverkohlten Leichnam, in dem der Schatz, unverletzt vom Feuer, liegt. So grausig diese Geschichten sind, zeigen sie doch, welch großen Wert wir auf das Werk eines Meisters legen, und ebenso, wie hoch wir die Aufopferung eines pflichttreuen Samurai achten.

Wir müssen jedoch bedenken, daß Kunst nur so lange von Wert ist, als sie zu uns spricht. Sie könnte eine Weltsprache sein, wenn wir selbst in unseren Gefühlen gleich wären. Die Begrenztheit unserer Natur, die Macht der Überlieferung und des Herkommens wie auch unsere ererbten Instinkte beschränken unsere Aufnahmefähigkeit für künstlerische Genüsse. Unsere Individualität selbst setzt in einer Hinsicht unserem Verstehen eine Grenze; und das Ästhetische in uns sucht nur das, was ihm entspricht, in den Schöpfungen der Vergangenheit. Es ist wahr, mit dem Fortschritt der Kultur wird unser Sinn für Kunst umfassender, und wir werden fähig, viele bisher unerkannte Schönheiten zu genießen. Aber nach all dem sehen wir doch nur unser eigenes Bild in der Welt – unsere besonderen Eigentümlichkeiten bestimmen die Art unserer Wahrnehmungen. Die Teemeister sammelten nur Dinge, die streng in den Rahmen ihrer eigenen Kunstwertung paßten.

In diesem Zusammenhang muß man an eine Geschichte von Kobori Enshû denken. Enshûs Schüler lobten ihn wegen des bewunderungswürdigen Geschmacks, den er bei der Auswahl seiner Sammlung bewiesen hatte. Sie sagten: »Jedes Stück ist so, daß jeder es bewundern muß, ob er will oder nicht. Das zeigt, daß du einen besseren Geschmack als Rikyû hast, denn seine Sammlung konnte immer nur einer von tausend Betrachtern würdigen.« Traurig erwiderte Enshû: »Das beweist nur, wie alltäglich ich bin. Der große Rikyû wagte es, nur die Dinge zu lieben, die ihm persönlich etwas sagten, während ich unbewußt dem Geschmack der Masse folge. Wahrlich, Rikyû war einer von tausend unter den Teemeistern!«

Es ist sehr bedauerlich, daß so viel von der scheinbaren Kunstbegeisterung der Gegenwart nicht auf echtem Gefühl beruht. In unserer demokratischen Zeit verlangen die Menschen nach dem, was allgemein für das Beste gehalten wird, ungeachtet ihrer eigenen Meinung. Sie wollen das Kostbare, nicht das Edle; das Moderne, nicht das Schöne. Das Betrachten illustrierter Zeitschriften, rühmlicher Erzeugnisse ihres eigenen Kunstfleißes, ist dem Kunstgenuß der Massen eine bekömmlichere Nahrung als die frühen Italiener oder die Ashikaga-Meister, die zu bewundern sie vorgeben. Der Name des Künstlers ist für sie weit wichtiger als die Güte des Werkes. Schon vor vielen Jahrhunderten beklagte sich ein chinesischer Kritiker: ›Die Menschen kritisieren ein Bild nach ihrem Ohr.‹ Dieser Mangel an echter Kunstwertung ist verantwortlich zu machen für die pseudo-klassischen Scheußlichkeiten, die wir heute überall erblicken.

Ein anderer weit verbreiteter Fehler ist die Vermischung von Kunst und Archäologie. Die Verehrung für das Alte ist einer der schönsten Züge des menschlichen Charakters, und gern möchten wir ihn in größerem Maße pflegen. Mit Recht werden die alten Meister geehrt, weil sie den Weg für künftige Erkenntnis geöffnet haben. Schon die Tatsache, daß sie jahrhundertelange Kritik unverletzt überstanden haben und noch mit Ruhm bedeckt bis zu uns gelangt sind, heischt unsere Achtung. Aber wir wären in der Tat töricht, wenn wir ihre Leistung einfach um ihres Alters willen schätzen wollten. Und doch erlauben wir unserem historischen Gefühl, unser ästhetisches Urteilsvermögen zu verdrängen. Wir bringen Blumen als Ausdruck unserer Bewunderung, wenn der Künstler sicher im Grabe ruht. Das neunzehnte Jahrhundert, von der Evolutionstheorie erfüllt, hat darüber hinaus in uns die Gewohnheit entstehen lassen, das Individuum über die Spezies aus dem Auge zu verlieren. Ein Sammler ist darauf bedacht, Einzelstücke zu erwerben, die eine Zeit oder eine Schule herausstellen, und vergißt dabei, daß uns ein einziges Meisterwerk mehr lehren kann als eine noch so große Anzahl mittelmäßiger Werke einer bestimmten Zeit oder Schule. Wir klassifizieren zu viel und genießen zu wenig. Die ästhetische Ausstellungsmethode der sogenannten wissenschaftlichen zu opfern, war das Verderben vieler Museen.

Die Ansprüche der zeitgenössischen Kunst können in keiner lebenskräftigen Weltanschauung übersehen werden. Die Kunst von heute ist die, die wirklich zu uns gehört: sie ist unser eigenes Spiegelbild. Wenn wir sie verdammen, verdammen wir nur uns selbst. Wir sagen, daß die gegenwärtige Zeit keine Kunst besitzt, – wer ist dafür verantwortlich? Es ist wirklich eine Schande, daß wir trotz aller unserer Begeisterung für die Alten unseren eigenen Möglichkeiten so wenig Aufmerksamkeit schenken. Ringende Künstler, müde Seelen, die im Schatten der kalten Verachtung herumirren! Welche Anregungen bieten wir ihnen eigentlich in unserem egozentrischen Jahrhundert? Die Vergangenheit mag mit Recht mitleidsvoll auf die Armut unserer Zivilisation blicken; die Zukunft wird über die Öde unserer Kunst lachen. Wir zerstören die Kunst, indem wir die Schönheit im Leben vernichten. Möchte doch ein mächtiger Zauberer aus dem Stamm der Gesellschaft eine gewaltige Harfe fügen, deren Saiten unter dem Anschlag eines Genius tönen können!

VI.
BLUMEN

茶

IM ZITTERNDEN GRAU EINES FRÜHLINGSmorgens, wenn die Vögel geheimnisvoll in den Bäumen zwitschern, fühlst du da nicht, daß sie mit ihren Freunden von den Blumen sprechen? Das Verständnis für Blumen muß wahrlich im Menschen gleichzeitig mit der Poesie der Liebe entstanden sein. Eine Blume, süß in ihrer Unschuld, duftend in ihrer Stille: können wir das Entfalten einer jungfräulichen Seele besser versinnbildlichen? Der Mensch der Urzeit, der seinem Mädchen das erste Blumengewinde brachte, unterschied sich damit vom Tier. Er wurde Mensch, weil er mehr als nur die eigentlichen Lebensnotwendigkeiten von der Natur forderte. Er trat ins Reich der Kunst ein, als er den feinen Nutzen des Nutzlosen erkannte.

In Freud und Leid sind Blumen unsere ständigen Freunde. Wir essen, trinken, tanzen und flirten mit ihnen. Wir heiraten und taufen mit Blumen. Wir wagen es nicht, ohne sie zu sterben. Wir bringen Lilien als Zeichen der Verehrung dar, mit dem Lotos meditieren wir, zum Kampf stellen wir uns mit Rosen und Chrysanthemen. Wir haben sogar versucht, in der Blumensprache zu sprechen. Wie könnten wir ohne sie leben? Es macht einen schaudern, sich eine Welt ohne Blumen vorzustellen. Welchen Trost bringen sie nicht ans Krankenlager, welches segensreiche Licht in düstere Gedanken müder Seelen. Ihre stille Zartheit gibt uns unseren schwindenden Glauben an die Welt zurück, so wie der tiefe Blick eines schönen Kindes die verlorene Hoffnung wieder erweckt. Und wenn wir einst in der Erde ruhen, sind sie es, die trauernd auf unseren Gräbern liegen.

So traurig es ist, müssen wir doch zugeben, daß wir uns trotz des Zusammenlebens mit den Blumen noch nicht sehr weit vom Tier entfernt haben. Kratze den Schafspelz, und der Wolf in uns wird bald seine Zähne zeigen. Man hat gesagt, daß der Mensch mit zehn Jahren ein Tier, mit zwanzig ein Wahnsinniger, mit dreißig ein Versager, mit vierzig ein Betrüger und mit fünfzig ein Verbrecher ist. Vielleicht ist er ein Verbrecher geworden, weil er nie aufgehört hat, ein Tier zu sein. Nichts ist uns wirklich, außer dem Hunger, nichts heilig, außer unseren eigenen Wünschen. Schrein um Schrein ist vor unseren Augen zu Staub geworden, ein einziger Altar ist erhalten geblieben, der, auf dem wir dem höchsten Götzen Weihrauch verbrennen, unserem Ich. Unser Gott ist groß, und das Geld ist sein Prophet. Wir verwüsten die Natur, um ihm Opfer zu bringen. Wir rühmen uns, die Materie unterworfen zu haben, und vergessen, daß die Materie uns versklavt hat. Was für Scheußlichkeiten begehen wir nicht im Namen der Kultur und der Zivilisation!

Sagt mir, liebliche Blumen, Tränen der Sterne, die ihr im Garten steht, mit euren Köpfchen den Bienen zunickt, wenn sie von Tau und Sonnenstrahlen summen, ahnt ihr das furchtbare Schicksal, das euch erwartet? Träumt weiter, wiegt euch und scherzt, solange es euch vergönnt ist, im lauen Sommerwind. Morgen wird sich eine erbarmungslose Hand um eure Kehle legen. Man wird euch herausreißen, Glied um Glied zerpflücken und euch von eurem stillen Platz wegtragen. Die Nichtswürdige, sie mag wohl hübsch sein. Sie mag sagen, wie lieblich ihr seid, während ihre Finger noch feucht von eurem Blut sind. Aber sagt mir, ist das Güte? Es mag euer Schicksal sein, im Haar einer Frau gefangen gehalten zu werden, von der ihr wißt, daß sie herzlos ist, oder ins Knopfloch eines Mannes gesteckt zu werden, der nicht wagen würde, euch in die Augen zu sehen, wäret ihr ein Mann wie er. Es mag sogar euer Los sein, in ein enges Gefäß gesperrt zu werden, das nur faules Wasser enthält, euren brennenden Durst zu löschen, der an vergehendes Leben mahnt.

Blumen, lebtet ihr im Land des Mikado, dann würdet ihr wohl auch einmal einem schrecklichen Menschen mit einer Schere und einer kleinen Säge begegnen. Er nennt sich ›Meister der Blumen‹. Er würde die Rechte eines Arztes beanspruchen, und ihr würdet ihn instinktiv hassen, denn ihr wißt, daß ein Arzt immer die Qualen seiner Opfer zu verlängern sucht. Er würde euch schneiden, biegen und in jene unmöglichen Stellungen zwingen, die er euch zu geben für richtig hält. Er würde eure Muskeln krümmen und eure Knochen ausrenken wie ein Chirurg. Er würde euch mit rotglühenden Kohlen brennen, um euer Blut zu stillen, und Drähte in euch hineinbohren, um euren Kreislauf zu fördern. Er würde euch mit Salz, Essig, Alaun und manchmal auch Vitriol nähren. Kochend heißes Wasser würde auf eure Füße gegossen, wenn ihr einer Ohnmacht nahe zu sein schienet. Er würde stolz darauf sein, daß er euch zwei Wochen länger am Leben gehalten hat, als das ohne seine Behandlung möglich gewesen wäre. Wäre es euch dann nicht lieber gewesen, gleich bei eurer Gefangennahme getötet zu werden? Was für ein Vergehen habt ihr in eurem früheren Leben begangen, daß ihr jetzt solche Strafen erleiden müßt?

Die achtlose Verschwendung von Blumen im Westen ist oft noch entsetzlicher als die Art, in der sie von den Blumenmeistern des Ostens behandelt werden. Die Zahl der täglich zum Schmuck von Tafel und Saal in Europa und Amerika geschnittenen Blumen, die am anderen Morgen weggeworfen werden, muß riesengroß sein. Zur Girlande gewunden, könnten sie einen ganzen Erdteil bekränzen. Neben dieser völligen Nichtachtung des Lebens wird die Schuld eines Blumenmeisters bedeutungslos. Er bezeugt wenigstens noch dem Haushalt der Natur seine Achtung, wählt seine Opfer mit Bedacht und ehrt nach ihrem Tode ihre Überreste. Im Westen scheint die Schaustellung von Blumen zum Beweis des Reichtums zu gehören, – Laune eines Augenblicks. Wo kommen sie alle hin, diese Blumen, wenn die Festlichkeit vorüber ist? Nichts ist mitleiderregender als eine welke Blume, unbarmherzig auf einen Müllhaufen geworfen.

Warum wurden die Blumen so schön und doch so glücklos geboren? Insekten können stechen, und selbst das sanftmütigste Tier wird sich wehren, wenn es in Not ist. Die Vögel, deren Gefieder einen Hut zieren soll, können ihrem Verfolger entfliehen; das Pelztier, nach dessen Fell du trachtest, kann sich vor dir verstecken. Ach! Die einzige Blume, die Flügel besitzt, ist der Schmetterling; alle anderen stehen hilflos ihrem Verderber gegenüber. Wenn sie in ihrem Todeskampf schreien, erreicht ihr Klagen niemals unser verhärtetes Ohr. Immer sind wir brutal gegen die, die schweigend lieben und dienen, aber die Zeit wird kommen, in der wir zur Strafe für unsere Grausamkeiten von diesen unseren besten Freunden verlassen werden. Bemerkt ihr denn nicht, daß der wilden Blumen von Jahr zu Jahr weniger werden? Es mag sein, daß ihre weisen Männer ihnen geraten haben, sich zurückzuziehen, bis die Menschen menschlicher geworden sind. Vielleicht sind sie nach dem Himmel gewandert.

Viel läßt sich zugunsten des Blumenzüchters sagen. Der Mann des Topfes ist bei weitem humaner als der Mann der Schere. Mit Entzücken beobachten wir seine Sorge um Wasser und Sonnenschein, seinen Kampf gegen Schädlinge, seine Furcht vor Frost, seine Besorgnis, wenn die Knospen sich langsam entfalten, seine Begeisterung, wenn die Blätter ihren Schmelz erhalten. Im Osten ist die Kunst der Blumenzucht sehr alt, und die Liebe eines Dichters zu seiner Lieblingspflanze ist in Erzählung und Lied oft besungen worden. Bei der Entwicklung der Keramik unter der T'ang- und der Sung-Dynastie hören wir von wundervollen Behältern für Pflanzen, die nicht Töpfe, sondern edelsteingeschmückte Paläste waren. Für jede einzelne Blume war ein besonderer Diener da, sie zu bedienen und ihre Blätter mit einer weichen Bürste aus Kaninchenhaar zu waschen. Es steht geschrieben, daß die Päonie von einem schönen, wohlgkleideten Mädchen gebadet und eine Winterpflaume von einem blassen schlanken Mönch begossen werden soll. Einer der beliebtesten japanischen Nô-Tänze, der in der Ashikaga-Zeit entstandene Hachinoki, geht auf die Geschichte eines ver-

armten Ritters zurück, der in einer kalten Nacht aus Mangel an Feuerholz seine liebevoll gehegten Pflanzen schneidet, um einen wandernden Mönch zu beherbergen. Der Mönch ist in Wirklichkeit kein anderer als Hôjô Tokiyori, der Harun al Raschid unserer Erzählungen, und das Opfer bleibt nicht unbelohnt. Dieser Tanz rührt heute noch das Publikum in Tôkyô zu Tränen.

Große Sorgfalt verwendete man auf den Schutz zarter Blüten. Kaiser Hüan-tsung aus der T'ang-Dynastie hängte in seinem Garten winzige goldene Glöckchen in die Zweige, um die Vögel fernzuhalten. Er war es auch, der zur Frühlingszeit mit seinen Hofmusikanten hinauszog, um die Blumen mit lieblichen Weisen zu erfreuen. In einem japanischen Kloster[1] findet man noch heute ein altwunderliches Täfelchen, das die Überlieferung Yoshitsune, dem Helden unserer Artussage, zuschreibt. Es ist ein Anschlag zum Schutze eines wundervollen Pflaumenbaumes und spricht zu uns mit dem grimmigen Humor einer kriegerischen Zeit. Nach einem Hinweis auf die Schönheit der Blüte warnt die Inschrift: ›Jeder, der auch nur einen einzigen Zweig von diesem Baume schneidet, soll dafür einen Finger verwirken.‹ Könnten doch heute noch solche Gesetze gegen die angewendet werden, die mutwillig Blumen brechen und Kunstwerke verstümmeln!

1 Sumadera bei Kôbe.

Aber selbst, wenn es sich um Topfpflanzen handelt, sind wir geneigt, menschliche Selbstsucht zu vermuten. Warum die Pflanzen aus ihrer Heimaterde entfernen und sie inmitten einer fremden Umgebung zur Blüte zwingen? Ist es nicht dasselbe, wie die Vögel in Käfige eingesperrt zum Singen und Paaren zwingen? Wer weiß denn, ob die Orchideen nicht in der künstlichen Wärme in euren Treibhäusern ersticken und sich verzweifelt nach einem Schimmer ihres südlichen Himmels sehnen?

Der ideale Blumenfreund ist der, der die Blumen in ihrer heimatlichen Umgebung besucht, wie Tao Yüan-ming[1], der vor einem zerbrochenen Bambuszaun im Zwiegespräch mit einer wilden Chrysantheme saß, oder Lin Wo-sing[1], der sich in ihrem geheimnisvollen Duft verlor, als er im Zwielicht unter den Pflaumenblüten am Westsee wandelte. Man sagt, daß Chou Mu-shih[1] in seinem Boote schlief, damit seine Träume sich mit denen der Lotos verflöchten. Dasselbe Gefühl beseelte die Kaiserin Kômyô, eine unserer berühmtesten Herrscherinnen der Nara-Zeit, als sie sang: »Wenn ich dich pflücke, wird meine Hand dich beflecken, o Blume! Wie du auf der Wiese stehst, so will ich dich den Buddhas der Vergangenheit, der Gegenwart und der Zukunft opfern.«

1 Berühmte chinesische Dichter und Philosophen.

Wir wollen jedoch nicht zu sentimental sein. Laßt uns weniger verschwenderisch, dafür aber um so größer sein. Lao-tze sprach: »Himmel und Erde sind ohne Mitleid«, und Kôbô-daishi: »Fließe, fließe, fließe, fließe, der Strom des Lebens strömt immer weiter. Stirb, stirb, stirb, stirb, der Tod kommt zu allen.« Zerstörung blickt uns überall an, Zerstörung unten und oben, vor uns und hinter uns. Der Wechsel ist das einzig Ewige – warum den Tod nicht so willkommen heißen wie das Leben? Der eine ist nur das Gegenstück des anderen – die Nacht und der Tag des Brahma. Nur durch die Auflösung des Alten wird eine Neuschöpfung möglich. Wir haben den Tod, die grausame Gottheit des Erbarmens, unter vielen verschiedenen Namen angebetet. Er war der Schatten des Allverzehrenden, den die Gheburs im Feuer grüßten. Er ist die kristallene Klarheit der Schwertseele, vor der sich das shintôistische Japan heute noch beugt. Das mystische Feuer verzehrt unsere Schwäche, das heilige Schwert zerpsrengt die Fesseln des Begehrens. Aus unserer Asche erhebt sich der Phönix himmlischer Hoffnung, der Freiheit entspringt eine höhere Verwirklichung der Mannhaftigkeit.

Warum sollten wir Blumen nicht zerstören, wenn wir dadurch neue Formen zur Veredelung der Weltidee entwickeln können? Fordern wir sie doch nur auf, teilzunehmen an unserem Opfer an das Schöne.

Wir sühnen diese Tat, indem wir uns der Reinheit und Schlichtheit weihen. So dachten die Teemeister, als sie den Blumenkult schufen.

Jeder, der die Bräuche unserer Tee- und Blumenmeister kennt, wird die religiöse Verehrung bemerkt haben, mit der sie die Blumen betrachten. Sie pflükken nicht aufs Geratewohl, sondern wählen jeden Ast oder jedes Reis sorgsam im Hinblick auf die künstlerische Anordnung, die sie im Sinne haben. Sie würden sich schämen, einmal mehr zu schneiden, als unbedingt notwendig ist. In diesem Zusammenhang mag erwähnt werden, daß sie immer die Blätter, sofern solche vorhanden sind, zu der Blume fügen, denn es ist ihr Wunsch, die ganze Schönheit pflanzlichen Lebens zu zeigen. In dieser wie in manch anderer Hinsicht unterscheidet sich ihre Methode von der des Westens. Dort steckt man nur die Blütenstengel, Köpfe ohne Rumpf gewissermaßen, im Durcheinander in eine Vase.

Wenn ein Teemeister eine Blume zu seiner Zufriedenheit angeordnet hat, wird er sie in die Tokonoma, den Ehrenplatz des japanischen Zimmers, stellen. Nichts, was ihre Wirkung beeinträchtigen könnte, wird man in ihre Nähe stellen, nicht einmal ein Bild, es sei denn, daß ein besonderer ästhetischer Grund für die Zusammenstellung vorhanden wäre. Wie ein Fürst steht sie dort, und die Gäste oder Schüler werden sie beim Eintreten mit einer tiefen Verneigung grüßen, ehe sie sich dem Gastgeber zuwenden. Von meisterhaften Blumenanordnungen werden Zeichnungen angefertigt und zur Erbauung von Liebhabern veröffentlicht. Die Literatur darüber ist recht umfangreich. Wenn die Blume welkt, übergibt sie der Meister mit gütiger Hand den Wellen des Flusses oder begräbt sie sorgsam in der Erde. Manchmal werden zu ihrem Andenken sogar Denkmäler errichtet.

Die Geburt der Kunst des Blumensteckens scheint mit der des Teeismus im fünfzehnten Jahrhundert zusammenzufallen. Unsere Legenden schreiben die erste Blumenanordnung jenen frühen buddhistischen Heiligen zu, die die vom Sturm verstreuten Blumen sammelten und, in ihrer unendlichen Liebe für alles Lebendige, sie in Gefäße mit Wasser stellten. Man sagt, daß Sôami, der große Maler und Kunstkenner am Hofe des Ashikaga Yoshimasa, einer der ersten Meister war, der dies tat. Der Teemeister Shukô war einer seiner Schüler, ebenso wie auch Sennô, der Gründer des Hauses Ikenobô, einer Familie, die in den Annalen des Blumenkultes nicht weniger bekannt war als die der Kano in der Malerei. Mit der Vervollkommnung des Tee-Rituals unter Rikyû gegen Ende des sechzehnten Jahrhunderts erreicht auch das Blumenstecken seine höchste Blüte. Rikyû und seine Nachfolger, die berühmten Ôta Yuraka, Furuta Oribe, Kôetsu, Kobori Enshû, Katagiri Sekishû, wetteiferten miteinander im Erfinden neuer Zusammenstellungen. Wir müssen jedoch bedenken, daß die Blumenverehrung der Teemeister nur ein Teil ihres ästhetischen Rituals und nicht ein besonderer Ritus ist. Eine Blumenanordnung war, wie auch die anderen Kunstwerke im Teeraum, der Gesamtwirkung des Schmuckes eingeordnet. So bestimmte Sekishû, daß keine weißen Pflaumenblüten zu verwenden seien, wenn im Garten Schnee liege. ›Laute‹ Blumen waren unnachsichtlich aus dem Teeraum verbannt. Die Blumenanordnung eines Teemeisters verliert ihre Bedeutung, sobald sie von dem Platz, für den sie ursprünglich bestimmt war, entfernt wird, denn ihre Linien und Proportionen sind besonders ausgearbeitet worden im Hinblick auf ihre Umgebung.

Die Verehrung der Blume um ihrer selbst willen beginnt mit dem Aufstieg der ›Blumenmeister‹ um die Mitte des siebzehnten Jahrhunderts. Sie wird jetzt unabhängig vom Teeraum und kennt kein Gesetz außer dem, welches das Gefäß ihr auferlegt. Neue Auffassungen und Methoden der Ausführung werden jetzt möglich, und der Grundsätze und Schulen, die daraus entstanden, waren viele. Ein Schriftsteller aus der Mitte des vorigen Jahrhunderts äußert, daß er über hundert verschiedene Schulen des Blumensteckens zählen konnte. Im allgemeinen teilen sich diese in zwei Hauptrichtungen, in die formalistische und in die naturalistische Richtung. Die formalistischen Schulen, die von den Ikenobos geführt wurden, erstrebten einen klassischen Idealismus, der dem der Kano-Akademiker entsprach. Wir besitzen Aufzeichnungen von Blumenanordnungen der frühen Meister dieser Schule, die fast die Blumenbilder Sansetsus und Tsunenobus wiedergeben. Die naturalistische Schule dagegen nahm, wie ihr Name sagt, die Natur zum Vorbild und brachte Abänderungen nur insoweit an, als sie zum Ausdruck künstlerischer Einheit beitrugen. So erkennen wir in ihren Werken die gleichen Impulse, die zur Bildung der Ukiyoe- und der Shijô-Schule in der Malerei führten.

Wenn wir Zeit hätten, wäre es interessant, tiefer, als es jetzt möglich ist, auf die Gesetze der Zusammenstellung und Darstellung einzugehen, die von den verschiedenen Blumenmeistern dieser Zeit aufgestellt worden sind und die Grundgedanken über den Schmuck in der Tokugawa-Zeit aufzeigen. Wir finden, daß sie auf das ›Führende Prinzip‹ (Himmel), auf das ›Untergeordnete Prinzip‹ (Erde) und auf das ›Vermittelnde Prinzip‹ (Mensch) anspielen, und jede Blumenanordnung, die diese Prinzipien nicht verkörpert, galt als öde und tot. Sie legten auch viel Wert darauf, eine Blume in ihren drei verschiedenen Erscheinungsformen, der formalen, der halbformalen und der formlosen, zu zeigen: die erste stellt die

Blumen im Prunkgewand des Ballsaales dar, die zweite in der vornehmen Eleganz des Nachmittagskleides, die dritte im bezaubernden Negligé des Boudoirs.

Unsere persönlichen Sympathien folgen eher der Blumenanordnung des Teemeisters als der des Blumenmeisters. Die erste ist Kunst in ihrer wahren Gestalt und spricht zu uns durch ihre Lebensnähe. Wir möchten diese Schule die natürliche im Gegensatz zur naturalistischen und formalistischen nennen. Der Teemeister hat seine Pflicht mit der Auswahl der Blumen erfüllt und läßt sie ihre eigene Geschichte erzählen. Betritt man einen Teeraum im späten Winter, kann man vielleicht einen schlanken Zweig der wilden Kirsche mit einer knospenden Kamelie gepaart sehen: ein Echo des scheidenden Winters mit der Vorahnung des Frühlings verschmolzen. Wiederum, wenn man an einem glühend heißen Sommertag zu einem Mittagstee geht, kann man wohl in der dämmrigen Kühle der Tokonoma eine einzelne Lilie in einer Hängevase sehen: tauschwer scheint sie über die Narrheit des Lebens zu lächeln.

Blumen für sich allein sind interessant, aber erst im Zusammenklang mit Malerei und Skulptur wird die Zusammenstellung vollkommen. Sekishû stellte einmal einige Wasserpflanzen in ein flaches Gefäß, um die Pflanzenwelt der Seen und Sümpfe darzustellen, und darüber hängte er an die Wand ein Bild von Sôami: Fliegende Wildgänse. Shoha, ein anderer Teemeister, verband ein Gedicht über die Schönheit der Einsamkeit am Meere mit einem bronzenen Weihrauchgefäß in Form einer Fischerhütte und einigen Strandblumen. Einer der Gäste berichtet, aus der ganzen Zusammenstellung habe er den Hauch des vergehenden Herbstes gespürt.

Zahllos sind die Blumengeschichten. Nur noch eine wollen wir erzählen. Im sechzehnten Jahrhundert war die Winde noch eine seltene Pflanze bei uns. Rikyû hatte einen ganzen Garten voll davon, den er mit unermüdlicher Sorgfalt pflegte. Der Ruhm seiner Winden kam auch dem Taikô zu Ohren, und er sprach den Wunsch aus, sie zu sehen. Daraufhin lud Rikyû ihn zu einem Morgentee in sein Haus ein. Am festgesetzten Tag wanderte der Taikô durch den Garten, aber nirgends konnte er auch nur eine Spur der Winden entdecken. Der Boden war geebnet und mit feinem Kies und Sand bestreut. Mit verhaltenem Ärger betrat der Despot den Teeraum; dort aber erwartete ihn ein Anblick, der seinen Unmut völlig verscheuchte. In der Tokonoma, in einer seltenen Bronze aus der Sung-Zeit lag eine einzige Winde, die Königin des ganzen Gartens!

Solche Beispiele zeigen uns die volle Bedeutung des Blumenopfers. Vielleicht wissen die Blumen es in seiner ganzen Bedeutung zu würdigen. Sie sind keine Feiglinge wie die Menschen. Manche Blumen frohlocken noch im Tode – wie die japanischen Kirschblüten, wenn sie sich frei den Winden hingeben. Jeder, der vor der duftenden Lawine in Yoshino oder Arashiayma gestanden hat, muß das gefühlt haben. Einen Augenblick lang schweben sie wie edelsteingeschmückte Wölkchen und tanzen über der kristallklaren Flut; und dann, wenn sie auf den lachenden Wassern dahinsegeln, scheinen sie zu jauchzen: ›Lebe wohl, o Frühling! Wir fahren in die Ewigkeit!‹

VII.
TEEMEISTER

茶

IN DER RELIGION LIEGT DIE ZUKUNFT HINter uns. In der Kunst ist die Gegenwart das Ewige. Die Teemeister hielten echtes Kunstverständnis nur bei denen für möglich, die unter seinem lebendigen Einfluß stehen. So versuchten sie ihr tägliches Leben nach dem hohen Stand der verfeinerten Lebensart einzurichten, die im Teeraum herrschte. In allen Lebenslagen sollte eine heitere Ruhe der Seele bewahrt werden, und die Unterhaltung sollte so geführt werden, daß sie nie die Harmonie der Umgebung störte. Schnitt und Farbe des Gewandes, die Ausgeglichenheit der Körperhaltung und die Art zu gehen, alles das konnte zum Ausdruck künstlerischer Persönlichkeit werden. Das waren Dinge, die nicht einfach übersehen werden durften; denn bevor man sich nicht selbst schön gemacht hat, hat man kein Recht, sich der Schönheit zu nähern. So strebten die Teemeister danach, mehr als Künstler, Kunst selbst zu sein. Das war die Zen-Lehre der Ästhetik. Vollkommenheit ist überall, wenn wir sie nur erkennen wollen. Rikyû liebte es, ein altes Gedicht anzuführen, in dem es heißt: »Denen, die sich nur nach Blumen sehnen, würde ich gern den vollen Frühling zeigen, der in den kämpfenden Knospen der schneebedeckten Berge wohnt.«

Mannigfaltig, wahrlich, sind die Beiträge der Teemeister zur Kunst gewesen. Sie haben die klassische Architektur und Innenkunst vollständig umgestaltet und einen neuen Stil geschaffen, über den wir in dem Kapitel vom Teeraum geschrieben haben, einen Stil, dessen Einflusse sogar alle nach dem sechzehnten Jahrhundert gebauten Paläste und Klöster unterworfen waren. Der vielseitige Kobori Enshû hat in dem kaiserlichen Landsitz in Katsura, in den Burgen von Nagoya und Nijô und in dem Kloster von Kôhô-an erstaunliche Proben seines Könnens hinterlassen. Alle berühmten Gärten Japans wurden von den Teemeistern angelegt. Unsere Keramik hätte wahrscheinlich nie ihre hohe Vollkommenheit erreicht, wenn ihr nicht die Teemeister ihre Eingebungskraft geliehen hätten; die Herstellung von Gerätschaften, die bei der Teezeremonie Verwendung finden, fordert von unseren Töpfern ein Höchstmaß an Geschicklichkeit. Die sieben Brennöfen[1] Enshûs sind allen Kennern japanischer Keramik wohlbekannt. Viele unserer Textilerzeugnisse tragen die

1 Shidoro in Totomi zeze, in Omi, Agano in Suzen, Takatori in Chikuzen, Asaki in Jamashiro, Kosobe in Settsu und Akohada in Jamamoto.

Namen von Teemeistern, die ihre Farbe und ihr Muster erdachten. Es ist tatsächlich unmöglich, auch nur ein Kunstgebiet zu finden, das nicht Spuren des Genies der Teemeister trägt. Beinahe überflüssig scheint es, die unermeßlichen Verdienste zu erwähnen, die sie sich um Malerei und Lackarbeit erworben haben. Eine der größten Malschulen verdankt ihre Gründung dem Teemeister Honami Kôetsu, der auch als Lackkünstler und Töpfer berühmt ist. Neben seinen Werken verblassen fast die glänzenden Schöpfungen seines Enkels Kôhô und seiner Großneffen Kôrin und Kenzan. Die ganze Kôrin-Schule, wie sie gewöhnlich genannt wird, ist ein Ausdruck des Teeismus. In den breiten Linien dieser Schule meinen wir lebendige Natur selbst zu fühlen.

So groß auch der Einfluß der Teemeister auf dem Gebiete der Kunst gewesen ist, so bedeutet er doch nichts, verglichen mit ihrem Einfluß auf die Lebensführung. Nicht nur in den Sitten der guten Gesellschaft, sondern auch in allen Kleinigkeiten des häuslichen Lebens spüren wir die Gegenwart der Teemeister. Viele unserer delikaten Gerichte, wie auch die Art, die Speisen anzurichten, sind ihre Erfindungen. Sie haben uns gelehrt, uns nur in unaufdringliche Farben zu kleiden. Sie haben uns in dem rechten Geist, sich den Blumen zu nähern, unterwiesen. Sie haben uns in unserer angeborenen Liebe zur Einfachheit bestärkt und uns die Schönheit der Bescheidenheit gezeigt. Wirklich, erst durch ihre Lehren hat der Tee seinen Weg in das Leben des Volkes gefunden.

Diejenigen von uns, die nicht das Geheimnis kennen, ihr eigenes Dasein auf diesem wilden Meer törichter Sorgen, das wir Leben nennen, richtig zu steuern, werden trotz aller Versuche, glücklich und zufrieden zu erscheinen, dauernd in einem Zustand des Elends leben. Wir schwanken bei dem Versuch, unser moralisches Gleichgewicht zu wahren, und sehen Vorboten des Sturmes in jedem Wölkchen, das am Horizont vorüberzieht. Und doch ist Freude und Schönheit in dem Rollen der Wogen, wie sie der Ewigkeit zufließen. Warum nicht in ihren Geist eindringen oder wie Lieh-tze auf dem Gewittersturm selber reiten?

Nur wer mit dem Schönen gelebt hat, kann auch schön sterben. Die letzten Stunden der Teemeister waren erfüllt von derselben köstlichen Verfeinerung, die auch ihr Leben zeigte. Da sie immer danach strebten, in Einklang mit dem großen Rhythmus des Alls zu sein, waren sie immer vorbereitet, in das Unbekannte einzugehen. ›Der letzte Tee Rikyûs‹ wird ewig als Gipfel tragischer Größe emporragen.

Lange schon hatte die Freundschaft zwischen Rikyû und dem Taikô Hideyoshi bestanden, und groß war die Achtung, die der Teemeister von dem großen Krieger erfuhr. Aber die Freundschaft eines

Despoten ist immer eine gefährliche Ehre. Es war eine Zeit voller Verräterei, und die Menschen trauten nicht einmal ihren nächsten Angehörigen. Rikyû war kein kriegerischer Höfling und hatte es oft gewagt, anderer Meinung zu sein als sein grimmiger Gönner. Das gespannte Verhältnis, das eine Zeit lang zwischen dem Taikô und Rikyû bestand, benutzten die Feinde und beschuldigten Rikyû, an einer Verschwörung zur Vergiftung des Tyrannen beteiligt zu sein. Man flüsterte Hideyoshi ein, der tödliche Trank solle ihm in einer Tasse des grünen Getränks eingeflößt werden, das der Teemeister bereitet habe. Für Hideyoshi war der bloße Verdacht Grund genug zu sofortiger Hinrichtung, und der Wille des erzürnten Herrschers blieb jeder Fürsprache verschlossen. Eine einzige Gunst nur wurde dem Verurteilten gewährt – die Ehre, durch eigene Hand zu sterben.

An dem Tage, der für die Selbsthinrichtung bestimmt war, lud Rikyû seine Lieblingsschüler zu einer letzten Teezeremonie ein. Schmerzerfüllt trafen sich die Gäste zur festgesetzten Zeit am Wartehaus. Wie sie auf den Gartenpfad blicken, scheinen die Bäume zu erschauern, und im Rascheln ihrer Blätter hört man das Flüstern heimatloser Geister. Die grauen Steinlaternen stehen da wie erste Wächter vor den Pforten des Hades. Ein Hauch seltenen Weihrauchs weht vom Teeraum herüber; es ist die

Aufforderung an die Gäste, einzutreten. Einer nach dem anderen schreitet hin und nimmt seinen Platz ein. In der Tokonoma hängt ein Kakemono – eine wundervolle Handschrift eines alten Mönches, die von der Vergänglichkeit aller irdischen Dinge spricht. Der Kessel, der über dem Kohlenbecken siedet, zirpt wie eine Zikade, die ihr Leid dem scheidenden Sommer klagt. Bald betritt der Gastgeber den Raum. Jedem wird der Reihe nach der Tee gereicht, und jeder leert schweigend seine Schale, der Gastgeber zuletzt. Gemäß der hergebrachten Sitte bittet nun der Hauptgast um die Erlaubnis, das Teegerät zu besichtigen. Rikyû legt das Gerät vor sich hin und auch das Kakemono. Als alle seine Schönheit bewundert haben, schenkt Rikyû jedem der Gäste ein Stück zum Andenken. Allein die Schale hält er zurück. »Nie wieder soll diese Schale, von den Lippen des Unglücks entweiht, von Menschen gebraucht werden.« So spricht er und bricht die Schale in Stücke.

Die Zeremonie ist vorüber; mit Mühe nur halten die Gäste ihre Tränen zurück, nehmen einen letzten Abschied und verlassen den Raum. Einer nur, dem Meister der nächste und liebste, wird zum Bleiben aufgefordert, um Zeuge vom Ende zu sein. Rikyû legt nun sein Teegewand ab und faltet es sorgsam auf der Matte; das makellos weiße Totenkleid wird sichtbar, das bisher verborgen war. Zärtlich blickt er auf die blinkende Klinge des todbringenden Dolches und spricht zu ihm in erlesenen Worten:

Willkommen dir,
O Schwert der Ewigkeit!
Durch Buddha
Und durch Dharma gleichermaßen
Hast du dir deinen Weg gebahnt.

Mit einem Lächeln im Antlitz ging Rikyû hinüber ins Unbekannte.

KAKUZO OKAKURA

Wenige Deuter fernöstlichen Wesens haben Europa dieses mit all seinen verborgenen Feinheiten, mit all seiner Tiefe so nahegebracht wie der Verfasser des Buchs vom Tee. Doch er war nicht nur Mittler, er ließ nicht nur uns Menschen der westlichen Welt etwas von der Schönheit fernöstlicher Ideale schauen, er war auch seinen eigenen Landsleuten Führer zu ihr. In einer Zeit, da die Japaner allzu tief aus dem Quell europäischer und amerikanischer Kultur schöpften, wies er ihnen den Weg zu einer arteigenen Kunst, deren Kraft dem Urjapanischen entstieg. Er sorgte nicht allein dafür, daß die Werke bekannter und unbekannter Meister vergangener Zeiten der Nachwelt erhalten blieben, sondern er lehrte seine Zeitgenossen, diese zu achten, ihnen nachzueifern. Und wir, die wir heute in Ausstellungen und Museen die Schätze japanischen Kunstschaffens andächtig bewundern, dürfen dieses Mannes in aufrichtiger Dankbarkeit gedenken.

In der Hafenstadt Yokohama wurde Kakuzo Okakura im Jahre 1862 als Sohn einer Samurai-Familie geboren. Sein Vater hatte von der Regierung die Erlaubnis erhalten, sich einem ganz besonderen Interessengebiet zu widmen, der Entwicklung des Handels. Das Haus der Okakura war wohlhabend, und die Familie lebte teils in Yokohama, teils in Tôkyô. Dem jungen, aufgeschlossenen Sohn standen alle Möglichkeiten offen, sich eine umfassende und tiefe Bildung zu erwerben. Er beschäftigte sich, wohl auf Wunsch seines Vaters, zunächst eingehend mit der chinesischen Sprache und den Kulturgütern des Nachbarreiches. Später studierte er die englische Sprache mit viel Eifer und Fleiß. In Tôkyô besuchte er die Kaiserliche Universität, die er im Jahre 1880 nach Abschluß seiner Studien mit Auszeichnung verließ.

An der Universität Tôkyô lehrte zu dieser Zeit auch Ernest F. Fenollosa. Okakura trat bald in engere Verbindung mit diesem Forscher, und sein Interesse für westliches Gedankengut und westliche Kunst wurde geweckt. Sofort begann ein planvolles Studium, das ihn schließlich dazu führte, auch die Kunst seines Vaterlandes recht zu würdigen.

Als Sekretär des Erziehungsministers hatte er vom Jahre 1886 an die Aufgabe, das japanische Musikleben zu betreuen. In diesem Jahre wurde in Japan eine Kommission zum Studium der europäischen Kunst gebildet und nach Europa geschickt. Okakura gehörte zu den Mitgliedern und erwarb sich durch seine Arbeiten auf diesem Gebiet große Verdienste. Nach Japan zurückgekehrt, wurde er deshalb von der Regierung zum Direktor der neuen Kunstakademie in Tôkyô ernannt. Er legte aber dieses Amt nieder, als in der Akademie Bestrebungen, eine Kunstrichtung rein westlicher Prägung zu entwickeln, immer stärker hervortraten. Zusammen mit gleichgesinnten Freunden, unter denen sich auch Hashimoto Gahô und Yokoyama Taikan befanden, gründete er die Nippon Bijutsu-in, eine Einrichtung, die sich um die Förderung einer fest in urjapanischen Elementen verwurzelten Kunstrichtung bemühte. Hier fanden neben der Malerei die Lack- und Metallkünste besondere Pflege. Der Kampf um die Geltung nationaler Werte war der diesen Kreis belebende und in seinem Wirken vorwärtstreibende Pulsschlag.

In die Jahre dieses Kampfes fallen viele Vorschläge Okakuras für die Erhaltung der arteigenen Kunstwerke vergangener Zeiten. In den Klöstern, Tempeln und Schreinen fanden sich über das Inselland weit verstreut viele wertvolle Kunstschätze, um die sich niemand kümmerte und die ihrem Verfall entgegengingen. Okakura reiste im Land umher, studierte sie und erreichte, daß die Öffentlichkeit sich für diese Schätze interessierte. Es gelang ihm, einen Gesetzentwurf durchzubringen, der viele der ältesten und wertvollsten Kunstwerke zum Staatsschatz erklärte. Er erhielt den Regierungsauftrag, Verzeichnisse dieser Dinge, die für die Nachwelt außerordentlich wertvoll waren, zusammenzustellen. Auf seinen Wunsch wurde eine Kommission eingesetzt, deren Aufgabe es war, diese Zeugen japanischer Kultur zu betreuen und instand zu halten.

Weite Reisen und jahrelange Aufenthalte in Europa, Amerika, China und Indien ließen Okakura die reichen Kenntnisse jener Kulturen noch mehr vertiefen. Seine Werke, vor allem seine Aufsätze und Vorlesungen, sind reich an Zahl und bilden auch heute noch einen wesentlichen Beitrag zur Kunst Ostasiens. Er hatte die schöne Fähigkeit, Fremden die Kultur seines Vaterlandes zu deuten. Seine Werke ›The Ideals of the East‹ (1903), ›The Awakening of Japan‹ (1904) und ›The Book of Tea‹ (1906) legen davon beredtes Zeugnis ab.

›Das Buch vom Tee‹ ist unter seinen Schriften die am feinsten gezeichnete. Hier gibt es eine Deutung, die uns das Wesen echten Japanertums, die japanische Seele in voller Reinheit schauen läßt. Chadô ›Der Weg des Tees‹ ist nicht der Weg der großen Masse, es ist der Weg einiger weniger Geweihter. Er ist die sichtbar unsichtbarste Form japanischer Geistigkeit, der Herzschlag japanischer Kunst. Schaffender, Künstler ist der Mensch, und was er schafft, ist wiederum der Mensch. Natur und Mensch verschmelzen zu einem untrennbaren, unbenennbaren Ganzen. Das Vergängliche zurücklassen, am Ewigen teilhaben, das ist Chadô. Teegerät, Teeraum und der Garten mit dem zum Teeraum führenden Pfad haben die hohe Aufgabe, die Sinne der Teilnehmenden zu verfeinern, zu steigern, empfänglich zu machen für das Dahinschwindende. Dann wird der

Geist sich um so leichter vom Atem der Ewigkeit tragen lassen, in ihm aufgehen. Doch von alldem spricht das Werk ja selbst.

Den Weg des Tees wird sich Japan in der gleichen Weise zu bewahren wissen wie anderes Eigene. Okakura schreibt in einem seiner Werke einmal, daß die Kraft eines Baumes nicht größer ist als die seines Samens, daß das Leben stets eine Rückkehr zum Ausgangspunkte darstellt. Japan verdanke seine Wiedergeburt dieser Erkenntnis, daß in der eignen Geschichte der Schlüssel zur eignen Zukunft zu suchen sei.

Kakuzo Okakura starb im Jahre 1913. H. H.

TEEKUNST – ENVIRONMENT UND GERÄTE

Wenn Okakura in seinem vorliegenden, zunächst in englischer Sprache erschienenen Werk das japanische *chanoyu* mit »Teezeremonie« übersetzte, so entsprach dies damaligem Sprachgebrauch wie auch Okakuras Bemühen, westlicher Denkweise entgegenzukommen. Denn mit der einfachen Übersetzung dieser Bezeichnung, die wörtlich nichts weiter bedeutet als »heißes Teewasser«, mag ihm, der Erfahrung mit westlich Denkenden hatte, zu einfach erschienen sein. Eigentlich jedoch hängt dieses *chanoyu* sehr viel mehr mit einer Kunstübung als mit einer Zeremonie zusammen. Da inzwischen aber der westliche Kunstbegriff sehr erweitert wurde und happenings, events, eben Aktionen miteinbezieht, ist das Verständnis für *chanoyu* und seinen Kunstcharakter, wenn nicht gerade gewachsen, so doch heute eher möglich.

Zunächst erscheint das *chanoyu* als ein gemeinsames Teetrinken, das jedoch in einem bestimmten Rahmen und nach festgelegten Bewegungsabläufen vor sich geht. Dabei erweisen sich die Bewegungen als durchaus funktional; sie wirken in keiner Weise gezwungen oder aufgesetzt und überflüssig. Vielmehr sind sie nur darauf gerichtet, den Tee in vollendeter Form zu bereiten und darzureichen. Daraus ergibt sich ein Rhythmus der Handbewegungen, die den ganzen, auf seinen Fersen und Knien sitzenden Körper mit einbeziehen, so daß man von einem – sehr reduzierten, abstrahierten – Tanz sprechen kann. Bei diesem »Tanz« spielen die Gegenstände, die für die Teezubereitung wie für die Ausstattung des Teeraumes notwendig sind, eine wichtige Rolle: das Rollbild oder Schreibwerk in der *tokonoma*-Schmucknische (Abb. Seite 90/91) ebenso wie Teeschale *chawan*, Teedose *cha'ire* oder *natsume* und Bambuslöffel *chashaku* (Tafel 1) usw. Sie alle sind Kunstwerke von höchstem Rang; der Umgang mit ihnen ist ein Umgang mit Kunstwerken, der selbst zu einem Kunstwerk wird. Darin erfährt jeder einzelne Teilnehmer sich selbst; indem er die gesetzmäßigen Bewegungen vollzieht, überwindet er diese und damit seine eigene, gebundene Person, so daß sich ihm ein Weg zu unmittelbarer Freiheit öffnet. Gleichzeitig bewirkt dies eine Kommunikation aller Teilnehmer untereinander, in die der Gastgeber oder Teemeister eingeschlossen ist: alle Rangunterschiede sind aufgehoben. So möchte man fast sagen, daß die *chanoyu*-Gesellschaft das Modell einer Ideal-Gesellschaft im kleinen praktiziert, wenn auch nur für kurze Zeit. Gewiß aber bleibt eine solche Kunstübung nicht ohne Einfluß auf den einzelnen Teilnehmer, sein Handeln und Denken. Der Einfluß auf die japanische Ästhetik jedenfalls war und ist außerordentlich.

Mag sein, daß für einen Außenstehenden es auch durch diese Interpretation noch wenig einsichtig wird, warum einer solchen Zusammenkunft so große Bedeutung beigemessen wird. Vielleicht aber bringt die einfache, konkrete Schilderung einer Teegesellschaft diese am ehesten zum Ausdruck.

Obgleich eine *chanoyu*-Zusammenkunft theoretisch an jedem beliebigen Ort stattfinden kann, spielt doch die Umgebung eine wichtige Rolle, so daß sich daraus eine bestimmte Architekturrichtung und ein spezieller Gartenstil entwickelt haben: der *sukiya*-Stil mit dem Teepavillon *chashitsu* (Abb. Seite 58), der die japanische Wohnarchitektur entscheidend beeinflußte, und der Teegarten *roji* (Abb. Seite 24). Letzterer ist ebenfalls in den Ablauf der *chanoyu*-Gesellschaft miteinbezogen und wird vielfach als erweiterter Teeraum betrachtet. Den Namen *roji* – wörtlich »Tauerde« – entnahm man einem Kommentar zum Lotossutra, dort heißt es: »Entflohen der feurigen Wohnstätte der Drei Welten, setzten sie sich nieder auf die Tauerde.« Sie ist ein von allem Schmutz der Welt gereinigter Bezirk, in dem Geist und Herz des Menschen klar und ruhig werden. Damit sind die wesentlichen Kriterien der *chanoyu*-Zusammenkunft genannt: Reinheit, innere Ruhe, Harmonie, Ausgeglichenheit. Andererseits aber kann *roji* auch mit zwei Schriftzeichen geschrieben werden, die »Pfad« bedeuten. Sie geben die Funktion des Teegartens an, als Weg und Zone der Annäherung zu dienen, die der Teegast zu durchschreiten hat, in räumlicher wie geistiger Vorbereitung auf die Teezusammenkunft. Trotzdem ist es ein ausgearbeiteter Garten, der wie alle japanischen Gärten eine Landschaft darstellt. Jedoch nicht als bildhaft gestalteter Betrachtungsgarten – ein Typ, der den japanischen Garten überall berühmt gemacht hat –, sondern als die reale Landschaft eines einsamen Bergpfades, umsäumt von dichtem Wald. Der Gast, der ihn entlangschreitet, soll den Staub der Außenwelt von sich abstreifen, das Unwesentliche vergessen. Mit halbhohen, dichtgesetzten Bäumen und Buschwerk, mit in Moos eingebetteten runden Schrittsteinen und – absichtlich – verstreuten Kiefernnadeln, wird abgekürzt und abstrahiert eine reale Berglandschaft dargestellt, die bei aller Natürlichkeit und Harmonie an jeder Wegbiegung des vielfach gewundenen Pfades interessante Blickpunkte bietet (Abb. Seite 24), akzentuiert durch alte Steinlaternen, die aus alten Schreinsbezirken hierhergebracht, später aber auch von Teemeistern entworfen wurden (Abb. Seite 27). Jeder Gast erreicht einzeln das Tor des Teegartens; in dessen Nähe befindet sich meist ein kleiner Empfangsraum, wo ein erster, leichter Tee gereicht wird. Dann begeben sich die Gäste durch den Garten zu einer kleinen gedeckten Bank *koshikake machi'ai* (Abb. Seite 36), wo sie gemeinsam auf die Begrüßung durch den Gastgeber warten. Dieser verbessert inzwischen die schön aufgeschichtete Asche in der *irori*-Feuerstelle des Teepavillons, hängt in der *tokonoma*-Schmucknische ein Rollbild oder ein Schreibwerk auf und stellt unter dieses einen künstlerischen Gegenstand, beispielsweise eine Dose mit Räucherwerk (Tafel 2), sprengt dann den Garten, zupft da und dort etwas zurecht; schließlich geht er die Gäste begrüßen – schweigend, was diese auch schweigend erwidern.

Nun erst schreiten die Gäste durch den Garten zum Teepavillon, unterwegs aber reinigen sie sich an dem Wasserbecken *tsukubai* Mund und Hände. Dieses Wasserbecken (Abb. Seite 39) besteht oft nur aus einem ein wenig ausgehöhlten Stein, der im übrigen so gelassen wurde, wie man ihn fand, mit der Zeit nun ganz von Moos überwachsen. Der Eingang zum Teepavillon ist stets eine sehr niedrige Schiebetür (Abb. Seite 61), durch die jeder Teegast einzeln und nur gebückt auf Knien hineinschlüpfen kann. Wie einst der Samurai sein Schwert, so soll auch heute noch der Teegast alles, was ihn von den anderen unterscheiden könnte: Beruf, Stellung, Rang, außerhalb der Teehütte zurücklassen. Die Struktur des Innenraums (Abb. Seite 4) ist durch die Ästhetik der Asymmetrie bestimmt. Die mit japanischem Papier beklebten Schiebefenster sind auf uns heute kühn und modern anmutende Weise angebracht, so daß ein eigenartiger Lichtrhythmus entsteht, der den Raum nicht übermäßig hell wirken läßt, aber auch kein unklares Dämmerlicht schafft. Zunächst wirft jeder einen Blick auf die *tokonoma*-Nische, die wie beschrieben geschmückt wurde. An Stelle der Räucherwerkdose kann auch eine Vase aus einem Bambusstamm geschnitten oder aus kräftiger, erdhafter Keramik aufgestellt sein mit einer einzigen Blüte oder einem einzelnen Zweig (Abb. Seite 90/91). Der Boden ist mit *tatami*-Matten ausgelegt, sonst ist, bis auf ein paar *zabuton*-Kissen, der Raum leer. Auf diesen Kissen nehmen die Gäste – meist sind es fünf – Platz, in formeller Haltung auf Fersen und Knien sitzend. Nun beginnt meist das sogenannte *kaiseki*-Essen. Der Gastgeber bringt eigenhändig – und für jeden Gast eines – kleine Lacktischchen oder quadratische Tabletts, auf denen verschiedene Speisen in künstlerisch besonders ausgewählten Gefäßen, die meist aus zurückliegenden Jahrhunderten stammen, malerisch angeordnet sind. Schnell kommt ein Gespräch über die Kunstwerke, die man in der Hand hält, aus denen man ißt, in Gang. Geschäftig bewegt sich – gelegentlich von einem Schüler assistiert, der Gastgeber – immer auf Knien, denn keiner erhebt sich über den anderen – zwischen seinen Gästen. Das Rascheln seiner schwerseidenen *hakama*-Hosen auf den *tatami*-Matten untermalt die fröhliche Unterhaltung; eine gelöste, heitere Stimmung breitet sich aus. Ist dieses Essen beendet, werden die Gäste wiederum in den Garten geschickt, um auf einer anderen Bank die Vorbereitungen des Hausherren abzuwarten. Dieser reinigt den Pavillon, öffnet ein kleines Oberfenster, wechselt gegebenenfalls das Rollbild gegen eine Wandvase mit frischem Blütenzweig und stellt nun das Teegerät in seiner vorgeschriebenen Ordnung auf (Abb. Seite 90/91). Inzwischen ist oft schon die Dämmerung hereingebrochen, der Garten hüllt sich in Dunkel, nur da und dort hat man kleine Laternen auf die Steine gestellt. Dann ertönt der Gong, fünfmal in bestimmtem Rhythmus, und ruft die Gäste zurück. Diese gehen wieder durch den Garten, um sich noch einmal an dem steinernen Becken Mund und Hände zu spülen. Nun ist alles bereit für das eigentliche *chanoyu*, das gemeinsame Teetrinken. Im eisernen Kessel *kama* (Tafel 3) auf einem Dreifuß über der Holzkohle im versenkten Feuerbecken summt leise das heiße Wasser. Der Duft von leichtem Räucherwerk mischt sich mit dem Duft der reinen *tatami*-Matten, die das durch Papierschirme gedämpfte Licht aufnehmen und in mattem Glanz aufschimmern. Die meist erd- oder sandfarbenen Wände geben dem Licht einen sehr warmen, weichen Ton. Die Gäste nehmen wieder auf den *zabuton*-Kissen Platz und unterhalten sich diesmal nur gedämpft. Es herrscht eine sehr ruhige, harmonische Stimmung. Der Teemeister und

Gastgeber sitzt den Gästen gegenüber, zwischen ihnen der Teekessel. Alle übrigen Geräte: die Teedose *cha'ire* oder *natsume* mit dem Pulvertee, das Gefäß für kaltes Wasser *mizusashi*, für Spülwasser *kensui*, der schmale Bambuslöffel für das Teepulver *chashaku* (Tafel 7), der Bambusschöpfer *hishaku*, der Dekkeluntersetzer *futa'oki* und schließlich das wichtigste Stück, die Teeschale *chawan* mit einem kleinen, aus Bambus hergestellten, pinselartigen Schläger *chasen*, sind so aufgestellt, daß sie dem Teemeister bequem zur Hand sind und dabei doch ein anmutiges Arrangement ergeben. Aus seinem *obi*-Gürtel zieht der Teemeister nun ein violettes Seidentuch und faltet es auf kunstvolle Weise zusammen. Damit reinigt er – symbolisch, denn in Wirklichkeit findet sich kein Stäubchen darauf – die Teedose in eleganter Bewegung, dann nimmt er den ebenso gereinigten Bambuslöffel auf, legt ihn auf die Teedose und ergreift den makellos reinen, langstieligen Bambusschöpfer. Mit diesem gibt er etwas heißes Wasser aus dem Kessel in die Teeschale, wobei er den Deckel des Kessels auf dem besonderen Deckeluntersetzer abstellt. Nun führt er mit dem Schläger in der Teeschale einige Kreisbewegungen aus, die er am Schluß mit dem kleinen Finger gegen den Rand zu abbremst, um so die Schale nochmals zu reinigen. Dieses Wasser gießt er in das kleinere Spülwassergefäß. Dann endlich nimmt er mit dem schmalen Löffel (Tafel 7) etwas Pulvertee aus der Dose und gibt ihn in die Schale. Währenddessen wendet er sich an die Gäste, denen zuvor auf einer flachen Schale (Tafel 5) kleine Kuchen gebracht wurden, mit den Worten: »bitte, nehmen Sie von den Kuchen«. Dieser Aufforderung kommt der zuvorderst sitzende Gast nach, indem er mit Stäbchen einen Kuchen aus der Schale nimmt und vor sich auf ein Papier legt, daß er selbst in einer kleinen Brokattasche mitbrachte. Der nächste Gast verfährt ebenso. Unterdessen schöpft der Teemeister mit dem Bambusschöpfer heißes Wasser, dem er zuvor etwas kaltes Wasser aus dem *mizusashi*-Gefäß (Tafel 6) zugesetzt hatte, und gießt es über den Teebesen in die Schale. Nun beginnt er den Tee zu schlagen, so lange bis eine dickflüssige, hellgrüne Flüssigkeit entstanden ist, auf der sich ein klein wenig Schaum dreht. Diesen Tee reicht er dem ersten Gast mit leichter Verbeugung, indem er ihn auf die *tatami*-Matten stellt und die Schale ein wenig auf den Gast zudreht. Nun gibt es zwei Möglichkeiten, den Tee zu trinken, entweder, der erste Gast trinkt ihn vollständig aus, das darf aber nur mit dreieinhalb Schlucken geschehen, wobei beim letzten es durchaus höflich ist, ein wenig zu schlürfen – man darf einen kleinen Ton hören lassen, wie es japanisch heißt –, oder man trinkt nur einen Teil und gibt dann die Schale an den nächsten Gast weiter und so fort. Jedesmal aber, gleich, bei welcher Form, verbeugt man sich leicht gegen den nächsten Gast, wie mit einer Entschuldigung (»Verzeihen Sie, ich nehme zuerst.«). Wird die Schale von einem Gast ganz ausgetrunken, stellt er sie vor sich auf die Matte, betrachtet sie so ein wenig und nimmt sie dann auf, um sie, auf den Knien haltend, eingehend zu bewundern. Die kleinen Kuchen aus Reismehl sind zu Blüten und Schleifen, Kiefernnadeln, Siegelzeichen und anderem kunstvoll geformt. Man ißt sie stets bevor man den Tee trinkt. Von kaum eigenem Aroma, haben sie eine bestimmte neutrale Süße, die den Geschmack des Tees sich voll entfalten läßt. Meist erhält jeder Gast ein, zwei Schalen Tee, je nach Belieben. Immer aber – vor allem, wenn mehrere Gäste nacheinander aus einer Schale trinken – muß jeder einzelne die Stelle, an der er getrunken, auf bestimmte Weise mit seinem eigenen Teetuch oder frischem Kuchenpapier reinigen. Ist dies alles beendet, werden in manchen Fällen noch einmal Kuchen und leichter Tee gereicht, den nun ein Assistent oder Schüler bereitet. Jetzt setzt sich der Gastgeber zu den Gästen, und alles, was während dieser ganzen Gesellschaft benutzt wurde, kann in die Hand genommen, erfühlt und betrachtet werden, in gleicher Weise auch die dazugehörigen Kästen und Behälter. Denn auch diese sind schöne handwerkliche Arbeit: Kästen für das Wassergefäß oder die Teeschale, eine Art Etui aus Bambus für den Teelöffel (Tafel 7).

Darüber hinaus tragen alle diese Behältnisse künstlerisch geschriebene Inschriften, die als solche schon zu Bewunderung Anlaß geben. Außerdem aber können sie auch über Namen, Meister und Geschichte des Stückes Auskunft geben. Schließlich öffnet der Gastgeber die kleine Tür, und die Gäste verlassen den Teepavillon, verabschieden sich noch einmal draußen im Garten von dem Gastgeber, der im Pavillon zurückbleibt, durch Verbeugen und gehen dann durch den Garten zum Haupttor zurück.

Eine solche Teegesellschaft – je nach Schule oder Stil variiert – kann vier Stunden und länger dauern; eine aus dem Alltag herausgeschnittene Zeit, in der der Geist frei werden kann von allem, was ihn beschwert. Die strenge Gesetzmäßigkeit im Ablauf bringt schließlich – wenn sie frei vollzogen wird – eine schöne, harmonisch gelöste Bewegung hervor, die mit Raum und Gerät zu einem verschmilzt. So entsteht etwas, was man im wörtlichen Sinne als ein Gesamtkunstwerk bezeichnen möchte. Dabei geschieht nichts, was als äußerlicher Aufwand empfunden werden könnte; es läuft alles natürlich und im Grunde sehr einfach ab. Und doch: welch Raffinement in den Bewegungen, den wenigen Schritten, die der Teemeister vom Vorbereitungsraum zum Teeraum zu gehen hat, welche Eleganz in seiner Haltung, wenn er die linke Hand – in übrigens sehr bequemer Weise – auf den Oberschenkel stützt und mit ausgestreckten Fingern den Bambusschöpfer handhabt. Trotzdem wirkt dies kräftig und einfach, ganz anders als unser geziert abgespreizter kleiner Finger und anders auch als ein simples Zupakken. Mit einfachen, sehr natürlichen Mitteln wird hier höchste Verfeinerung erzielt. Dies kann man wohl typisch für die Teeästhetik nennen und, da sie großen Einfluß auf die gesamte japanische Kultur ausübte, für das japanische ästhetische Empfinden überhaupt.

Der Teepavillon selbst und die Teegeräte sind in gleicher Weise Zeugnis dafür. Prunken mit Gold oder anderen teueren Materialien ist hier keinesfalls nötig. Kommt Gold trotzdem zur Anwendung, geschieht es so dezent, daß es kaum anders wirkt als das Aufschimmern des Mondes. Die Wände des Teepavillons sind innen und außen oft mit naturfarbenem Sand verputzt. Bei manchen sehr berühmten Teebauten verzichtete man auch darauf und beließ es bei der mit Stroh vermischten Lehmschicht, die das Flechtwerk des Fachwerkbaus bedeckt. Sorgfältig geglättet, erhielt eine solche Wand von der Zeit eine Patina, die sie kostbar erscheinen läßt und doch eine ländliche Einfachheit betont. Der Pfeiler, der die Schmucknischen vom übrigen Teeraum abtrennt, ist entweder aus einem gerade nur geschälten und ein wenig polierten Stamm (Abb. Seite 90/91), dem man seine natürliche Gestalt, auch die Aststümpfe, gelassen hatte, oder man verwendete einen Stamm ganz und gar so, wie er war, ungeschält und gebogen, als sei er vom Garten in den Raum hineingewachsen. Der klassische Teeraum ist nicht größer als 4 ½ Matten; die Matte mißt ca. 80/190 cm. Aus ca. 5 cm dikkem Reisstroh, mit Binsenmatten abgedeckt, sind die Matten mit dunklem, meist schwarzem Stoff eingefaßt und geben damit dem Raum ein Raster, der die Proportionen bestimmt. Die Decke ist in der Regel mit Holz verkleidet, mit einzelnen Platten oder Flechtwerk aus Holzspänen von komplizierter Struktur, das aber äußerst einfach wirkt (Abb. Seite 4). Im Boden ist immer eine quadratische Vertiefung ausgespart, meist in der Nähe des Hauptpfeilers, sorgfältig mit Zement ausgestrichen und mit einem hölzernen Rahmen eingefaßt (Abb. Seite 4). Dort wird über Asche und Holzkohle der Wasserkessel aufgestellt. In dessen Nähe befindet sich, durch einen Stab von der Decke herab freischwebend befestigt, ein leichtes Regal (Abb. Seite 4) zum Abstellen der Gerätschaften. Alle diese Elemente vermeiden es streng, in ein symmetrisches Verhältnis zueinander zu treten. Bei aller Regelhaftigkeit und allen festgelegten Grundprinzipien gibt es offensichtlich keine bindenden Vorschriften für die letzte Anordnung im Raum, so daß ein unendlicher Variationsreichtum entstand. Dieser aber offenbart sich nicht so schnell im Ganzen, sondern eher in den

Details und ihrer Harmonie. Da das Detail eine so wichtige Rolle spielt, sind auch die einzelnen Gegenstände für den Ablauf des Ganzen von großer Bedeutung. Es gibt eine Fülle von ihnen, und jedes hat seinen wichtigen Platz, bis hin zum Reinigungstuch und der Vogelfeder zum Fegen der Asche. Hier sollen nur einige der bedeutendsten hervorgehoben werden.

Zunächst fällt der Kessel *kama* (Tafel 3) ins Auge. Das Material ist in der Regel Eisenguß, ein sehr gewöhnliches Material also – in Ostasien schon früh künstlerisch verwendet –, das aber durch den Rost langsam eine sehr schöne Patina erhält; nur der Dekkel ist aus Bronze. Noch heute werden die Kessel sorgfältig Stück für Stück einzeln hergestellt, und keiner gleicht genau dem anderen, selbst wenn man sich nach alten Entwürfen richtet, die seit Generationen, meist von den großen Teemeistern inspiriert oder sogar angefertigt, überliefert sind. So werden auch die Reihen von Knöpfen, *arare* genannt, mit der Hand als Hohlform an der Gußform angebracht. Doch ist dieser Vorgang kaum als Historisierung zu werten. Der Stil der Kessel – wie übrigens der meisten Teekunstgegenstände – ist so zeitlos, daß sie nach diesem kaum zu datieren sind; er wird allein durch die Teeästhetik bestimmt, und das bedeutet Einfachheit in der Verfeinerung. Dabei ist überraschende Kühnheit im Detail nicht ausgeschlossen.

Besonders gern läßt man sie beim *mizusashi* genannten Wassergefäß zu. Die meisten dieser Gefäße sind aus Keramik, darunter gibt es welche von geradezu plastischer Gewalt: zum Beispiel das »Yabure bukuro« (»Geplatzter Sack«) genannte Gefäß, ein sehr berühmtes Stück. Aus schwerer grobkörniger, kaum gereinigter Erde wurde ein Krug mit mächtigem zylindrischen Hals geformt, dieser aber war so schwer, daß er im Brand den unteren, gerundeten Teil niederdrückte, daß er platzte, aufriß. Die Aschenglasur hatte eine schrundige, sehr lebhafte Oberfläche hinzugefügt. Das geschah Ende des 16. Jahrhunderts; schon damals schätzte man diesen Wasserkrug hoch, und obgleich nach unserer Auffassung mißlungen, warf man ihn nicht weg. Man nahm die Mitgestaltung durch die Natur an, ja forderte sie geradezu heraus. So verkörpert dieses *mizusashi*-Gefäß am deutlichsten, was Teeästhetik meint: die Erfahrung der Schönheit der Natur in der kräftigen Sprache von Feuer und Erde – ein Gefäß, das noch heute unmittelbar anspricht.

Die modernen Keramiker versuchen auf ihre Weise, dieser Vorstellung nahezukommen; was uns dabei avantgardistisch anmuten mag, ist eigentlich nichts anderes als der Ausdruck dieses Bemühens. Doch können Wassergefäße auch ganz anders sein, sanft zurückhaltend, aus geglätterter Keramik oder aus Holz mit rötlichbraunem Lack überzogen (Tafel 6). Für Teedosen *cha'ire* oder *natsume*, in denen der Pulvertee aufbewahrt wird, verwendet man entweder Keramik mit einem feingedrechselten Elfenbeindeckelchen, dessen Unterseite (!) oft noch, der besseren Abdichtung wegen, mit Blattgold bedeckt ist, oder aber schwarzen Lack (Tafel 4). Bei diesen ist manchmal auf dem Deckel oder an der Seite ein Ornament in Gold angebracht, während die Innenseite des Deckels mit einer Inschrift, einer Signatur versehen ist. Nicht selten aber wirkt der matte Glanz des Lacks allein, der durch die weiche Rundung der Wandung und die abgerundeten Kanten des Dekkels sehr gut zur Geltung kommt. Für die geradwandigen oder bauchigen Teedosen bevorzugt man braunglasiertes Steinzeug, doch sind auch hier die Formen – es gibt über hundert Varianten – überaus vielfältig und die Glasuren nuancenreich.

Zentrum der Teekunst aber ist die Teeschale *chawan*. Zahlreiche Meisterwerke werden in Museen aufbewahrt und auch bei den Teeschulen, dort jedoch von Zeit zu Zeit für eine Teegesellschaft wieder ihrer eigentlichen Bestimmung zugeführt. Es gibt für sie eine ganze Reihe Grundformen mit gerader (Tafel 8), geneigter und so schräger Wandung, daß sie fast flach erscheint. Zu den beliebtesten zählt man die schrägwandigen. Sie sehen einfachen Kummen recht ähnlich, wie sie auch im Westen im Gebrauch sind. Aber gerade den Neigungswinkel der

Wandung so zu treffen, daß er stimmt, daß man das Gefühl erhält, nun kann die Schale eins werden mit der Hand dessen, der sie handhabt, eins werden auch mit dem ganzen Ablauf der Teekunst, ist ungeheuer schwierig und kostet jeden einzelnen Keramiker viele Versuche. Gleiches gilt für die dickwandigen, meist schwarzglasierten *raku-chawan* (Tafel 4) genannten Teeschalen, die nicht auf der Scheibe geformt, sondern mit der Hand aufgebaut und schließlich, wie eine freie Plastik, mit Messer und Spatel behandelt werden, bis ihre lebhaft bewegte Oberfläche erreicht ist, die durch die schwarze Glasur eine Weichheit erhält wie Meereswellen in einer windstillen Nacht. Sie schmiegt sich in die Hand, weich und sanft, und fügt sich so auch den Lippen. Selten gibt man ihr ein Dekor, sie ist vor allem plastische Form, die die Hand spüren muß, dann erst erfährt auch das Auge die Schwingungen ihrer Oberfläche. Ein Keramiker wird sich immer bemühen, diese vollkommene Harmonie zu erreichen. Gelingt ihm dies und erhält er die Anerkennung der Teemeister, kann er sich zu den Großen unter den Künstlern rechnen, und zwar nicht nur unter den Keramikern.

Das galt schon vor 300 Jahren und gilt auch heute. Denn die Teekunst spielt im modernen Japan eine sehr große Rolle. Ja, seit den 60er Jahren unseres Jahrhunderts hat sie an Bedeutung noch gewonnen.

Die Zahl der Teekunstliebhaber geht in die Millionen, entsprechend zahlreich sind die Schulen. Doch noch immer dominieren die drei großen Schulen, die sich auf Sen no Rikyū zurückführen und von denen zahlreiche Zweigschulen ausgehen. Praktisch aber ist jeder in der Lage, sich in dieser Kunst zu üben, in Gesellschaft wie für sich zu Hause, die Hausfrauen oder die Angestellten im Büro und der Bauer auf dem Feld. Es gibt auch gute Geräte kaum berühmter Künstler, die für jedermann erschwinglich sind. Nicht immer muß eine Teegesellschaft in vollem Umfang durchgeführt werden. Häufig verzichtet man auf das *kaiseki*-Essen. So lädt beispielsweise eine Teelehrerin in den Teepavillon eines Tempels ein und bereitet dort Gästen und Schülern einen Nachmittag lang den Tee. Ebenso mieten sich Freunde des Tees in einem der zahlreichen Parks in Tōkyō, Kyōto oder anderswo einen Teepavillon, um dort aus besonderem Anlaß mit Freunden und Schülern eine Teegesellschaft abzuhalten, wie auch Museen, die schönes Teegerät besitzen, zu solchen Gesellschaften einladen. Darüber hinaus mieten sich auch Teeschüler einen offenen Tempelraum und laden jedermann, der gerade vorbeikommt, ein, an ihrer Teegesellschaft teilzunehmen. Unter Schülern wie Gästen sind erstaunlich viele junge Leute.

Neben der zenphilosophischen Bedeutung der Teekunst, wie sie Okakura darlegte, hat auch der mit ihr verbundene Umgang mit Kunstwerken seit mehr als 300 Jahren auf die geistige Entwicklung Japans und seine Haltung gegenüber der Kunst allgemein, und zwar auf sehr breiter Basis, außerordentlich gewirkt. So gehört die Teekunst sicher zu den wichtigsten Faktoren, warum Historiker von einer schon Jahrhunderte andauernden »kulturellen Demokratie« Japans sprechen können.

Irmtraud Schaarschmidt-Richter

Erläuterungen der Abbildungen im Text

Seite 4: Innenraum des Hanpō'an-Teepavillons der Mushanokōjisenke-Teeschule, Kyōto; 1804 (1880 rest.). Im Vordergrund die in den Boden eingelassene irori*-Feuerstelle mit dem Wasserkessel* kama*, darüber ein naturbelassener Stamm als Pfeiler und leichte, aufgehängte Regale; rechts die etwas geöffnete Schiebetür.*

Seite 24: Teegarten roji *des Fushinan-Teepavillons der Omotesenke-Teeschule Kyōto mit Durchblick durch das Baikenmon-Tor, 18. Jh. (im 20. Jh. rest.) auf eine Steinlaterne, wie sie aus alten Schreinbezirken in den Teegarten geholt wurden. Der Fushinan-Teepavillon soll auf einen Entwurf des Teemeisters Sen no Rikyū (1521–1591) zurückgehen.*

Seite 27: Steinlaterne im sogenannten Oribe-Stil, Kyoto; 17. Jh. Furuta Oribe (1544–1615) war ein berühmter Tee- und Keramikmeister, der auch Teegärten und die Form dieser Steinlaterne entworfen haben soll.

Seite 36: Laubenartige Wartebank koshikake machi'ai *im Teegarten des Fushinan-Teepavillons der Omotesenke-Teeschule, Kyōto; 17. Jh. (im 19. Jh. rest.).*

Seite 39: Wasserbecken Ori-tsukubai *im Teegarten des Fushinan-Teepavillons der Omotesenke-Teeschule, Kyōto; 17. Jh.*

Seite 58: Sa'an-Teepavillon im Gyokurinin des Daitokuji-Tempels, Kyōto; 18. Jh.

Seite 61: Eingang des Kihakuken-Teepavillons im Keishunin des Myōshinji-Tempels, Kyōto; 18. Jh. Rechts die kleine Schiebetür, darüber das papierbespannte Fenster.

Seite 90/91: Totsu tu-totsu-Sai-Teeraum der Urasenke-Teeschule, Kyōto; 19. Jh. Rechts tokonoma*-Schmucknische mit Schreibwerk, Vase und Blütenzweig.*

Alle Fotos wurden freundlicherweise vom Verlag Tankō-sha, Kyōto, das Portrait von der Staatl. Kunstakademie zur Verfügung gestellt.

Literatur der Welt

Apuleius. Der goldene Esel
Mit Illustrationen von Max Klinger zu »Amor und Psyche«. Aus dem Lateinischen von August Rode. Mit einem Nachwort von Wilhelm Haupt. it 146

Giovanni di Boccaccio. Das Dekameron
Hundert Novellen. Ungekürzte Ausgabe. Aus dem Italienischen von Albert Wesselski und mit einer Einleitung versehen von André Jolles. Mit venezianischen Holzschnitten. Zwei Bände. it 7/8

Miguel de Cervantes Saavedra. Der scharfsinnige Ritter Don Quixote von der Mancha
Mit einem Essay von Iwan Turgenjew und einem Nachwort von André Jolles. Mit Illustrationen von Gustave Doré. 3 Bände. it 109

Chinesische Liebesgedichte aus drei Jahrtausenden
Von den mäßigen Gefühlen
Aus dem Chinesischen übertragen, nachgedichtet und herausgegeben von Ernst Schwarz. Mit zeitgenössischen Illustrationen. it 442

Dante. Die Göttliche Komödie
Mit Holzschnitten von Botticelli. Deutsch von Friedrich Freiherrn von Falkenhausen. Zwei Bände. it 94

Eisherz und Edeljaspis
Aus dem Chinesischen von Franz Kuhn. Mit Holzschnitten einer alten chinesischen Ausgabe. Mit einem Nachwort und Anmerkungen von Franz Kuhn. it 123

Die Erzählungen aus den Tausendundein Nächten
Einleitung von Hugo von Hofmannsthal. Vollständige deutsche Ausgabe in zwölf Bänden. Nach dem arabischen Urtext der Calcuttaer Ausgabe aus dem Jahre 1839. Übertragen von Enno Littmann. Mit farbigen Miniaturen. In farbiger Schmuckkassette. it 224

Die Blümlein des heiligen Franziskus von Assisi
Aus dem Italienischen nach der Ausgabe der Tipografia Metastasio, Assisi 1901, von Rudolf G. Binding. Mit Initialen von Carl Weidemeyer. it 48

Aus dem Lateinischen übersetzt von Hermann Hesse und J. G. Th. Graesse. it 161

Literatur der Welt

Die Rache des jungen Meh
oder das Wunder der zweiten Pflaumenblüte. Aus dem Chinesischen von Franz Kuhn. it 353

Die Räuber vom Liang Schan Moor
Aus dem Chinesischen von Franz Kuhn. Zwei Bände. it 191

Reden und Gleichnisse des Tschuang-Tse
Ausgewählt und mit einem Nachwort von Martin Buber. it 205

Der Sachsenspiegel in Bildern
Aus der Heidelberger Bilderhandschrift ausgewählt und erläutert von Walter Koschorreck. Mit 48 Abbildungen im Vierfarbendruck und Bilderläuterungen. it 218

Sappho. Strophen und Verse
Herausgegeben und übersetzt von Joachim Schickel. Mit antiken Darstellungen der Sappho. it 309

Sophokles. Antigone
Herausgegeben und übertragen von Wolfgang Schadewaldt. Mit einem Nachwort, einem Aufsatz, Wirkungsgeschichte, Literaturhinweisen und Illustrationen. it 70

Sophokles. König Ödipus
Übertragen und herausgegeben von Wolfgang Schadewaldt. Mit einem Nachwort, drei Aufsätzen, Wirkungsgeschichte und Literaturnachweisen. it 15

Der Traum der Roten Kammer
Ein Roman aus der frühen Tsing-Zeit. Aus dem Chinesischen übertragen von Franz Kuhn. Mit zeitgenössischen Illustrationen. it 292

Der Turm der fegenden Wolken
Altchinesische Novellen. Aus dem Chinesischen von Franz Kuhn. Mit chinesischen Steinabreibungen. it 162

Die Weisheit der Lüge
Von Sulchan-Saba Orbeliani. Georgische Fabeln, Märchen und Gleichnisse. Nachwort von Elke Erb. it 81

Insel taschenbücher
Alphabetisches Verzeichnis

insel taschenbuch 412
Das Buch vom Tee